Tarot 塔羅解謎

人生的疑問就問塔羅吧！

破解、釐清生命的困惑和黑暗

愛情、工作、人緣、家庭
讓塔羅解答你生活中的所有問題

寶咖咖 ──── 著

（1）微形塔羅牌的百科全書

文/王中和（生命之眼身心靈中心執行長）

塔羅牌中包含有天文曆法、人生模型和世間萬物，天地人三才皆備，因此在神祕學領域中觸類旁通，千年不墜！可說西方的神祕學中最令人驚嘆的是塔羅牌的芥子藏須彌，由簡馭繁。寶咖咖老師此書猶如微形塔羅牌的百科全書，也是必需的隨身備查使用手冊，必定是老手新手同珍，專業與玩票共賞，在此特別要向讀者推薦寶咖咖老師的大作。

（2）一扇進入塔羅牌的大門

文/謝達輝老師（命理博士）

寶咖咖老師是我任教的文化大學同事，他深受學生喜愛，教學的系統性與邏輯性堪稱一流，再難懂的塔羅牌在他手上好像變成如行雲流水般的流暢，寶咖咖老師的《塔羅解謎》出版邀序於我，讓我先睹為快，在我讀完《塔羅解謎》之後，發覺甚值得推薦給喜愛塔羅占卜的朋友們，樂為之序。

此書秉持寶咖咖老師一貫教學風範，具有系統性、邏輯性、簡明、易懂的特性，將課堂的教學付梓印行，嘉惠更多學人。

這本《塔羅解謎》對毫無塔羅基礎，而想要快速學習入門的塔羅朋友，會是你學習塔羅的第一本書，它將為你開啟第一扇進

入塔羅牌的大門。寶咖咖老師在《塔羅解謎》中將每張牌都像敘述一個故事般的有趣、簡明、易懂、易學，並把每個環節都融入我們的生活中，使讀者不再瞎子摸象，迅速輕鬆的學會塔羅占卜，成為塔羅大師。

中國占卜有四大系統：一是以《易經》卦爻辭為主的「揲蓍法」；二是以「金錢卦」為主的《文王卦》或稱《六爻卦》；三是以「米卦」、「數字卦」為主的《梅花易數》；四是以「五個圈圈」為主的五行生剋斷事系統，稱為《玄空神數》。然此四種皆不離搖卦、裝卦、斷卦三步驟，而寶咖咖老師的《塔羅解謎》更加簡易、精準。當你跟循書中技巧，必可成為此中高手。塔羅牌的牌支都是圖像，因此寶咖咖老師在書中特別公開「圖像分析技巧」、「人格特質」、「圖像細節與全面解析」等技巧，尤其他獨特的「找三加四不超五」、「參考關鍵字」、「腦筋轉彎有答案」、「逆位解牌技巧」、「顏色當中藏奧祕」……讓你馬上學會「塔羅牌」並成為箇中高手！

（3）學有所得

文／曾鼎元（中國文化大學推廣教育部身心靈中心主任）

聽聞寶咖咖老師要出書，真是塔羅學習者們的福氣，我與寶師共同在文大推廣任教多年，學生多有往來，對其教學內涵和解牌功力是備加讚賞。去上課的學生皆能獲得良好的觀念與幫助。

最重要的是，寶師的心念與幫助大眾的心思很好，學員跟隨著系統學習能循序漸進出師，助己又助人。現在，寶咖咖老師要將其教學的經驗、觀念和方法分享出來，實是造福大眾，提供正確的觀念與學習管道，望讀者深感其內涵，學有所得。

今日我很榮幸為此書作序，願眾生平安，心靈成長。

（4）淺顯易懂，好記又好聯想的好書

文／天空為限（占星塔羅作家）

我跟寶咖咖認識很久了，看他學遍各種神祕學，都到達一定程
度之後，還是願意幫初學者指路，果然是友愛全民的獅子座
啊！我一向都覺得獅子座是最好相處的朋友，他的書也有著
獅子特質，每個要點都有觸碰到，寶咖咖的塔羅牌說明方式淺
顯易懂，而且好記又好聯想，等於是把初學者最需要的技法都
說到了，是一本很適合隨時隨地閱讀，並可以跟朋友分享的好
書。

（5）發想更多的答案

文／今井綾（台中文化大學推廣教育講師）

從 2016 年開始接觸老師的課程，一直受益良多，老師的教學
內容豐富，而且百問不倒，在我們產生疑問的時候，也會引導
我們去從問題著手，發想更多的答案。塔羅牌課程一直以來都
需要很多的直覺，還有邏輯性，這本書整理了很多我們對原本
塔羅牌的疑問、並且寫成了清楚易懂的文字，讓初學者在研究
塔羅牌的時候，可以更快的進入這道大門，利用塔羅牌研究更
多的學問。

（6）最貼近您的內心深處

文 / 時尚開運莫芳老師

我總是跟學生說，好的命理老師，一定要懂得生活，因為所有的命理，都和生命與生活有關。

熟朋友都叫他寶大師，寶大師就是這樣一個正直、正義而且正大光明的人，他的解析永遠最貼近您的內心深處，算命師算得準是應該的，但寶大師不止準，還能為茫然的靈魂解套，想更了解生命歷程和塔羅牌的朋友，就從這裡開始吧！

（7）解決人生的課題

文 / 筆筆嶐（塔羅身心靈老師）

我常與學員聊起「為何想學塔羅牌？」大多是想幫自己解決難題、獲得斜槓技能、探究及滿足好奇心…等。不論目的為何，學會塔羅所能給予他們的回饋，都是為了讓自己生活變得更好；它給予心理層面很大的正面迴響、陪伴我們勇敢面對問題，能釐清自己真實想法、給予改善方向，並解決人生的課題。

「塔羅牌」是很棒的生活工具，能提早拿到未來的入場票、掌握人生選擇權。重點是需要遇到對的老師，引導我們正確的使用它，那這本書會是最好的選擇。在生活與教學上，它也會是我珍貴收藏的工具書。

（8）毫不保留的公開

文 / 蘇芳仕 （戀愛占卜師、彩虹數字感情解碼專家）

想成為專業的塔羅占卜師，必須掌握「敏銳的觀察力」及「精準的判讀技巧」，但往往要累積五年至十年的實務經驗，才能練就一番功夫。當我有幸拜讀寶咖咖的新作，這本書令我非常驚艷！沒想到寶咖咖老師毫不保留的公開許多塔羅占卜判讀密技，對於想學習塔羅占卜的朋友們而言，此書能讓您少走許多冤枉路，不用在暗黑裡摸索技巧。寶咖咖老師執教多年，專業深獲業界認可，在我成為塔羅占卜師之前，只認定寶咖咖老師占卜，因此我特別推崇！

CONTENTS

序

寫這本書的時候，其實想了許久，什麼是讀者所需要的？我可以給大家什麼？

教學已經十幾年，教過的學生也上千位，但每個人所需要的都不太一樣，到底該給怎麼樣的資訊，才可以符合大多數人所需要的、可接受的？

於是我先思考，我寫的這本書是要給誰閱讀的？

1、希望這本書，可以給沒有塔羅基礎但想要入門塔羅的朋友，它可以為你們開啟第一扇進入塔羅牌的大門，所以我要將資訊寫得淺顯易懂。

2、希望可以給一些看了許多書，卻還沒辦法理解每張牌要傳達的牌義的朋友們，它可以讓大家不再瞎子摸象，所以每張牌都應該像敘述一個故事般的簡單。

3、希望可以給總是去上課學習，卻遇到太過於敘述性靈性教學的朋友們，可以知道塔羅牌是落實在每個生活細節中，所以我要把每個環節都生活化。

思考以上三個角度後，我將每張牌的細節用系統化的分析，並加入過去這十幾年來的教學經驗，嘗試將每張牌的訊息完整呈現，讓每個閱讀到這本書的朋友可以輕鬆的上手，甚至可以藉此將塔羅牌的解析更生活化，用一個個小故事去描述這張牌的概要，讓各位讀者可以有如我在旁邊與你分享一些小故事的輕鬆。

這本書不講求高深技巧，不去解析那些細膩到讓你腦筋爆炸的理論，期許讓這本書用更輕鬆、無負擔的方式學習，就像是在

帶領您欣賞七十八幅畫作般的流暢，針對於每幅畫作的每個細節與你分享畫家所要傳達的意涵，讓你不用死背任何牌義，在愉快的理解這七十八幅牌的意涵後，輕鬆的把它運用在生活中。

你可以侃侃而談那每幅畫作要傳達出來的美好資訊，至於那些艱深難懂的資訊，就先放在一旁吧，我們來做享受美好畫作的享樂者而不是深入專研的考古者。

學習塔羅牌不外乎三個技巧：

一、理解牌所要傳達出來的意思。

二、反覆不斷的練習解牌技巧。

三、從生活中不斷驗證準確度。

而這本書正是寶咖咖要為各位啟動進入塔羅牌世界的第一個技巧。

你準備好了嗎？讓我們來一起進入有趣的塔羅牌世界。

簡述塔羅：

塔羅牌的歷史其實已經不可考，大多可以追溯到西元前三世紀到十四世紀左右，在這麼久的一段時間，各國都有出現塔羅的雛形，包含埃及、印度、中國、義大利，甚至在民族間被創造的可能性都有（例如猶太民族、吉普賽民族）。

塔羅牌目前為止大略概分三大塊，雖然還是有其他分支，不過目前是以馬賽、托特、偉特為主要流通版本。至於許多塔羅研究者都會推崇威斯康堤塔羅牌為塔羅最原始的始祖，這一套牌正確時間不可考，但約是在十四世紀到十五世紀左右被完成，目前大多都被拿來當作收藏品而非占卜使用。

萊德 · 偉特塔羅：

由亞瑟 · 愛德華 · 偉特所設計的一套牌卡，原本是出版黑白的版本，後來由史密斯女士上色後開始大為流行，這也是所謂的復刻版版本，但後續都有許多不同的畫家上色，藉由不同的顏色會產生略微不同的解釋方向。本書所使用的是義大利聖甲蟲所出版的偉特塔羅，如您使用的是其他家出版社所出版的塔羅牌，會有可能在部分顏色上出現落差，可以將裡面所繪製的顏色自行調整成作者所提出的顏色系統概念，一樣能有相當好的解牌資訊。

如何使用本書來自我學習？

🌙 圖像細節解析：

這也是本書學習的關鍵點。仔細的去了解圖卡中每個小環節的代表意涵，在之後解讀時，可以憑直覺從一張圖卡中找出三到

四個特別吸引你的環節，根據他所傳達出來的概念投射到你的問題當中，每次你會因為當下的直覺不同看到不同的點，就用此來展開你的解牌之旅。

🌙 圖像分析技巧：

作者十分重視圖像中所呈現的每一個細節，以下幾個技巧請各位讀者多看幾次相信就會有很好的切入方向出現。

♣頭上裝飾：什麼東西/顏色在頭上就代表腦子想的是什麼狀態。

♣權杖 ：代表是掌控一個能力或是權力的意思，因此去看到這個權杖怎麼被使用，就可以看出這張牌的特色。

♣鞋子 ：大多以顏色來代表行動力或是期待一個前進的方向。

♣身上穿著：表示展現出怎麼樣的特質。

🌙 人格特質：

以簡單的一句話來強化這張牌的意涵，請勿死背這句話，而應該是將他當作是一個提醒的關鍵方向即可，因為有的塔羅牌並非只有一種意涵而是有多種訊息，把這句話當作是綜合提醒的訊息即可。

🌙 圖像全面解析：

作者將這張塔羅牌以一個敘述故事的方式呈現他的意涵，可以藉由這個小敘述讓你更能體會這張牌要為你帶來的一些訊息，但也請勿以此為重點，建議可以將這些小敘述拿來跟細部分解的資訊同步參考，可以藉此讓你更加清楚知道這張牌到底發生什麼事。

◗ 參考關鍵字：

只是參考用，讓你知道可能有哪些解牌方向會出現，請勿死背，否則你的塔羅牌世界將會被壓縮限制，提醒各位把參考關鍵字當作參考方向即可。

◗ 解牌小練習：

塔羅牌有分正位與逆位，以占卜師所面向的角度來看，也就是說今天若你是占卜師，你看到牌是正常的就是正位，看到牌顛倒了就是逆位，而只要熟悉了正位與逆位的解牌技巧，你會發現每張牌不需要去死背牌義就可以解得很好。而在大牌時，我會每一張都用一個題目來解析給各位參考，小牌則是用 78 張牌全面一起配合牌陣演練。鼓勵各位朋友可以自己多嘗試問自己幾個問題，抽牌並將你的題目、牌與解答都抄下來，當時間到時再去驗證是否正確。

正位解牌技巧：

◗ 細部拆解分開看

看牌時別只是看到牌就開始思考這張的牌義牌義牌義牌義牌義是什麼？而是要先從直覺去看這張牌中有哪些細節，在練習時，把每個環節都清楚的了解他所代表的含意是什麼，並且去思考在不同的題目裡他可能會有什麼方式來解析。

◗ 顏色當中有奧祕

在塔羅牌中，顏色也是很重要的一個關鍵，在書中我們會討論到每個顏色所代表的意涵是什麼，請多加留意這些顏色所代表的意思，在解牌上會相當有幫助。

☽ 找三加四不超五

在開始要解牌時，以直覺去看在你的眼中有哪三個到四個細部是吸引你的，這些細節都是解牌的重心，但儘量不要超過五個，因為資訊太多會讓每次答案幾乎都變成一樣的答案，活用性會大幅降低。

☽ 腦筋轉彎有答案

不是每個細節的解法都一樣，在不同的問題中解法會不一樣，所以請去思考這個題目要表達的是什麼？然後把這個細節轉換成題目需要的解析方式，沒經過這個動作你所解出來的牌義將會是很怪，且不太能讓人接受的。

逆位解牌技巧：

☽ 切割上下，重心在上

當牌面顛倒時，把解牌重心放在牌的上半部，牌上面的人事物變成比較重要，會遠比下方的人事物重要，這樣在解牌上會出現一些主從關係的變化。

☽ 萬有引力，關鍵掉落

當逆位時，可以去思考有些東西因為地心引力而產生掉落的狀態，這樣會讓原本有的訊息消失，也讓牌義開始出現變化，不過要注意的是，在大牌上是屬於精神象徵所以主要的主人翁是不會掉落的，否則整個畫面會變成空泛的，小牌則沒有這個限制。

☽ 日出日落，光明黑暗

對於塔羅牌顛倒後來說，也像是一個時間移動了一段時間後的狀態，只要是自然界的日月星辰都會有變化，因此太陽會變月亮、月亮會變太陽，因此出現了一些關鍵牌義的變化。

☽ 草木顛倒，枯萎貧瘠

植物一般是向上成長的，當逆位時可以把這些花草樹木當作是向下垂下，這也代表這些花草枯萎了，如果以枯萎的角度來看，就代表原本他擁有的訊息消失了，但是皇后牌的稻穗則有特殊的訊息，因為稻穗飽滿了也會垂下，所以在解皇后牌時要特別注意。

☽ 建築崩毀，訊息消失

一個人造建築物在轉入逆位時就像經歷了一個大地震一樣被摧毀，也代表他的原本意涵被移除，會用失去了這件關鍵訊息來看待這件事，但這只限於人造物，自然景色不算。

☽ 顏色壓制，逆位展現

在進入逆位時，顏色系統將會被省略，就像是沒上色時的塔羅牌一樣，因此就不去看原本顏色有的意義，但如果原本在正位時該顏色是被束縛、壓制的，那麼逆位將會出現束縛解開而把該顏色顯現出來的特性。

顏色的部分，每一家出版社所繪製的顏色都有落差，本書將以義大利聖甲蟲所出版的偉特為主要顏色系統，所有顏色分成兩個區塊來看：

標準色系概念如下：

紅色：行動力、熱情、活力，前進的力量。

黃色：豐盛、喜悅、光明、一個期待。

藍色：冷靜、靜止不動、放鬆的狀態。

橘色：（紅＋黃）熱情的去獲取你所要的快樂或收穫，因此會得到「經驗」。

綠色：（藍＋黃）冷靜的去獲取你所要的快樂或收穫，因此是「保持安全距離」。

紫色：（紅＋藍）在冷靜與行動之間可以拿捏得宜，所以是「智慧」。

黑色：壓力、恐懼、邪惡、不確定、負面狀態。

白色：純潔、單純、沒有想太多。

褐色：落實的力量、較穩定的前進。

脈輪顏色概念如下：

紫色：頂輪：第七脈輪，對應到智慧、高我、理智、上天給予的訊息。

寶藍：眉心輪：第六脈輪，對應到覺察力、判斷力與觀察能力。

藍色：喉輪：第五脈輪，對應到表達、溝通以及交流的特質。

綠色：心輪：第四脈輪，對應到同理心、感受力與包容心。

黃色：胃輪（太陽神經叢輪）：第三脈輪，對應到自信心與小我。

橙色：臍輪：第二脈輪，對應與他人關係表現，互動模式與性

的連結。

紅色：海底輪：第一脈輪，對應生命力，行動力，財富與健康，
也是性欲的需求。

本書在撰寫時，為求讓各位讀者可以更融入生活，所以有些圖
像概念及細節都有微調，為的就是讓你可以不用死背任何關鍵
字，嘗試以生活中大家能輕易了解的概念去解讀，只要能夠多
練習幾次，相信要解析你的問題將會輕鬆很多。

那麼就請打開心胸，讓我們來進入豐盛的塔羅牌世界吧！

No.

0-21

大　牌

大牌通常傾向精神層次，
比較偏精神層面的狀況

No. 0

愚人

The Fool

對應占星｜天王星

代表一種不喜歡與他人一樣
的態度，喜歡做自己喜歡
的，愛好自由並且討厭被他
人約束。

元素系統｜風元素

正位圖像細節解析

- ◆ **太陽**：光明、照耀前方的路，代表未來一片光明。
- ◆ **包袱**：一切已經準備好，準備出發的狀態，也有遠行的意思。
- ◆ **頭上紅色羽毛**：火鳳凰的羽毛，表示重生的力量，也代表愚人
  的想法是全新與眾不同的。
- ◆ **頭向上仰**：有自信，甚至到自負的狀態，不太理會他人的意見。
- ◆ **權杖扛肩膀**：面對掌控這件事顯得毫不在意，輕鬆且隨意的面對。
- ◆ **手拿白色玫瑰**：想法單純、天真。
- ◆ **白色內衣**：內心單純。

- ◆ **綠色豐富外衣**：有花朵、葉子代表豐盛的意思。
- ◆ **衣袖破損仍抬頭向前**：就算遇到阻礙或傷害一樣自信的前進。
- ◆ **黃色鞋子**：對於未來的路充滿了期待。
- ◆ **身邊小狗**：往上拍打愚人的腳代表提醒他前方有懸崖，屬於警告的意思。
- ◆ **懸崖**：危險的意思，也表示愚人再往前會有危機出現。
- ◆ **遠方的山**：代表未知的地方，也是愚人準備前往一個未知領域。
- ◆ **黃色背景**：豐盛、光明的未來。

正位人格特質：自信勇敢的無畏者

正位圖像全面解析 ──────────

當愚人覺得一切都已經準備好，他帶著他的隨從小狗準備進行一個全新的旅程，他覺得他就是一個與眾不同的人，是一個可以把每件事都做得很好的成功者。

他非常有自信的往前走，甚至連頭都不自覺的往上抬起來，前方微風輕拂、後方太陽光明的照耀，讓他覺得這次的旅行真的是有個好預兆。不過因為他想的非常單純，也沒想太多，所以可能沒注意到他的前方有個懸崖。當他繼續自信的往前進時，他的隨從小狗發現這個問題了，所以趕快舉起他的前腳拍向愚人，牠希望愚人可以注意到這個危險，不過這個提醒似乎愚人並沒有注意到，或是他其實知道了只是對自己太有自信，所以覺得這都不是問題，仍繼續勇往直前。

參考關鍵字 ──────────

勇往直前、走向光明的未來、不懼怕危機、有危險但不知道、可期待的成功機會、警告的訊息、表向正向但不穩定的未來性。

工作：未來三個月工作狀況如何？

工作看起來會有很不錯的發展，甚至會有突飛猛進的狀況，整體工作中你可以感受到你的活力與積極性，不過請小心，在快速的發展中還是會有隱藏一些問題，如果沒有注意到可是會突然出現工作危機。

逆位圖像細節解析

◉ 切割上下重心在上

◆**懸崖**：危險的訊息加強。

◆**小狗**：人被狗引導，往錯誤的方向或是錯誤的資訊與想法。

◉ 萬有引力關鍵掉落

◆**小狗**：沒有警告資訊，讓危機擴大。

◆**花朵**：想法不再單純，開始胡思亂想，導致猶豫不決。

◆**包袱**：出外行李掉落，代表粗心大意且無法再前進。

◆**羽毛**：懦弱沒有想法，不敢勇敢面對。

◆**低頭**：原本的抬頭在逆位時變成低頭，成了沒自信。

◉ 日出日落光明黑暗

◆**太陽**：不再光明開始出現月亮特質產生虛幻不實的狀況。

逆位人格特質：害怕擔憂的膽小鬼

逆位圖像全面解析

現在危機擴大，懸崖已經近在眼前。愚人似乎已經掉到懸崖下方，他的包袱也因為摔下來而遺失，現在他整個人掉在懸崖下

方，已經無路可走。太陽也慢慢日落西山，似乎一切都已經往負面的方向前進。

因為自己原本單純自信的想法，導致於一些錯誤的方向出現，讓愚人開始變得胡思亂想甚至沒自信的想要退回原點。但提醒他的隨從小狗，仍在拉著要他往前進，對愚人來說，他也開始懷疑這個隨從小狗是否是真的提醒他，還是只是在誤導他而已，當他持續的不理會隨從小狗後，他的隨從也只能黯然的離開，對於在黑夜中的愚人來說，這無異是增添了更多的危機與危難。

參考關鍵字 —————————————————

沒有勇氣、錯誤的想法、自信喪失、猶豫不決、優柔寡斷、粗心大意。

解牌
小練習

愛情：他現在對我的感覺如何？
他現在對你的感覺，有許多不明確的感覺，甚至還有其他人提供的想法給他，讓他覺得對你有許多的不確定。因此他現在不太想要再繼續跟你多深入了解，也有種退縮，覺得你帶給他有些不安感，他對你的感覺其實是滿負面的。

No. 1

魔術師

The Magician

對應占星｜水星

水星是代表溝通與傳達的一顆行星，也是一個成長、學習的象徵。

元素系統｜風元素

正位圖像細節解析

- ♦ **上方紅色花朵**：上天的熱情。
- ♦ **下方的紅白色花朵**：落實在人間的熱情與純潔。
- ♦ **右手權杖**：掌控上天所給予的狀態（通常會與左手向下指一起解）。
- ♦ **左手向下指**：傳遞到下方（與右手一起解，代表將上天的熱情傳遞到人世間），有傳達的意思，也是水星的溝通意思。
- ♦ **頭上無限標誌**：代表頭腦運轉的很好。

- ◆ **頭上白色止汗帶**：代表正在學習的狀態。
- ◆ **紅色外袍**：熱情有行動力。
- ◆ **白色內衣**：純潔單純的想法。
- ◆ **蛇腰帶**：蛇代表智慧，也代表會用智慧約束自己。
- ◆ **桌上四個元素**：展現能力並且學習如何使用。
- ◆ **黃色背景**：代表豐盛的可能。
- ◉ **補充資訊**：
- ◆ **權杖**：火元素 - 代表行動力、熱情。
- ◆ **聖杯**：水元素 - 代表感受與情感。
- ◆ **寶劍**：風元素 - 代表智慧與想法。
- ◆ **金幣**：土元素 - 代表務實與持續力。

正位人格特質：才華出眾的學習者

正位圖像全面解析

魔術師將他的工具都放在桌上，表示他正嘗試將他所學的展現出來。高舉權杖的他，現在正將上天的訊息傳達到地上，這也代表他的溝通傳達能力相當好。

但他不小心把自己白色衣服的能量也帶入，變成地上出現了白色的百合，也許是他技術還不夠純熟，但他還是可以表達出不錯的能力，並且在展現及傳達他的能力時，他會小心謹慎約束自己儘量不要失控。

他很聰明，所以知道怎麼做是對他最有利的，其中包含了他害怕在做事時會流汗，所以在額頭上綁上止汗帶，讓他不會因為流汗而蒙蔽了眼睛，整體來說他現在的表現相當優異。

溝通、成長、學習、有能力的但不純熟、變化、智慧、欺騙。

<table>
<tr><td>解牌
小練習</td><td>

愛情：他現在對我的感覺如何？

他現在對你的感覺還滿不錯，他想要跟你多點互動，也想要多去展現他自己的魅力給你看，他其實是喜歡你的。只是這一切，都還剛開始的階段。他想要藉由多一點互動來多了解你，並且藉由展現自己的魅力，來看看你是否也會給予正向回應。

</td></tr>
</table>

逆位圖像細節解析

- ◉ **切割上下重心在上**
- ◆ **紅玫瑰與白百合**：太過在意自己的感受，忽略了對外的互動。
- ◆ **四元素**：過度想要展現技能。

- ◉ **萬有引力關鍵掉落**
- ◆ **四元素**：過度展現自己能力，導致於東西全部掉落，也代表能力不好。
- ◆ **無限標誌**：腦子運轉不好、不聰明。
- ◆ **權杖**：無法掌控技術，無法掌控溝通的技巧。
- ◆ **蛇腰帶**：沒有辦法用智慧約束自己，也是穩定性不夠的狀態。
- ◉ **草木顛倒枯萎貧瘠**
- ◆ **紅玫瑰與白百合**：枯萎了就代表沒有行動力與想法混亂。

逆位人格特質：疲乏止學的怠惰者

逆位圖像全面解析 ─────────

自負的魔術師，自以為自己很厲害。他摘下了他的止汗帶不再學習，而開始隨意去展現他自己的技能，但沒想到他的能力還不足**夠**，因此在展示他的能力時，他桌上的物品全部都掉下桌面，就算他人跟他說明該如何改進，但他仍是堅持自己是對的，他的不願意溝通，導致出現了許多的疏失，看來他的能力已經被質疑了。

參考關鍵字 ─────────

沒有成長性、討厭變化、技術不好、不穩定的特性、錯誤的技巧，導致事情走向更糟的狀況。

解牌
小練習

工作：未來三個月工作狀況如何？

已經習慣固定習性的你，在未來三個月，你只想用習慣的方式去工作，因此當要你去接受外來的建議來改變你的工作習慣已經比較難。你的不願意改變，與許多同事間的溝通出現了問題，這也讓你的表現開始出現瑕疵，這三個月內，你將因為你沒有成長而慢慢地出現跟不上他人的狀態。

No. 2 •

女祭司

The High Priestess

對應占星｜月亮

月亮代表著比較內斂的特質，也是較重視內心感受的狀態。

元素系統｜水元素

正位圖像細節解析

- ◆ **黑白柱子**：代表二元對立，指向女祭司在中間完全中立不偏頗任何一方。
- ◆ **布幔**：紅石榴代表女性，棕梠樹代表男性，這裡指向男女之事中立不偏頗。
- ◆ **帽子**：有上弦月、滿月與下弦月的存在代表規律的運行，想法較為規律。
- ◆ **胸口十字架**：擁抱神聖的心，重視神聖純潔。

- ◆ **手中卷軸**：TORA 代表神諭或是律法，表示擁有上天的旨意。
- ◆ **不使用權杖而是拿卷軸**：代表不是掌控型而是擁有的特質。
- ◆ **藍色外袍**：冷靜的特質。
- ◆ **石頭椅子**：固執的行為與態度。
- ◆ **右下角弦月**：已經快要消失了，藉此呈現女性內斂象徵，代表女祭司相當內斂。
- ◆ **背景為夜晚的天空與海洋**：代表如同夜晚寧靜海洋平靜的態度。

正位人格特質：冷靜內斂的智慧者

正位圖像全面解析 ———————————————

冷靜的女祭司，坐在堅硬且方正的石椅上，這代表他的心思是堅定且不容易被撼動。他冷靜的拿著代表神諭的卷軸，也表示他是擁有智慧的能力，但他略把代表智慧的卷軸用外衣遮蔽，這也代表他很內斂。

坐在代表二元化的兩個柱子間，背後的布幔充滿了男女之間的特質，但這也代表他對於男女之事是中立不偏頗，甚至可以說是不管男女之間的事，在感情上就顯得相當的冷漠，對他來說，他只重視到代表上天旨意的十字架與卷軸，雖然他極為聰明，但他的想法比較規矩，因此外在感情的事他都不想理會，所以有時難免會讓人覺得不近人情。

參考關鍵字 ———————————————

理智、強烈的壓抑、感情冷淡、與外界有隔閡、對外界不感興趣，只著重自我內心感受。

愛情：他現在對我的感覺如何？

他現在正冷靜的看著你跟他之間的關係，對你並沒有太多的感覺。對他來說，如果要去看你跟他之間情感的可能性，他就必須去思考與你在一起有什麼優缺點，所以其實他對你沒有情感，甚至可以說是沒有太多的感覺。

逆位圖像細節解析

◉ 切割上下重心在上

◆ **月亮**：這時的月亮因為日出日落已經變成太陽，變成了非常外放的態度。

◆ **海水**：也代表水元素，跟情感有關，表示重視自己的情感，比較情緒化。

◉ 萬有引力關鍵掉落

◆ **卷軸**：原本律法掉落，代表不再有規矩與規範，也是沒有智慧的意思。

◆ **頭冠**：原本一切照規矩的態度變成不再照規矩，帶有失控的情緒。

◆ **布幔**：掉落至頭的位置，表示滿腦子都是男女之間的想法。

◆ **十字架**：變逆十字，也表示惡魔欲望的特質。

◆ **海水**：內在情緒宣洩而出，比較情緒化。

◉ 建築崩毀訊息消失

◆ **石椅**：原本固執態度，變成隨便不堅持。

◆ **黑白柱**：黑白分明變成黑白不分，沒有一個標準並且不容易分辨。

逆位人格特質：任性的情緒失控者

逆位圖像全面解析 ———————————

原本內斂的女祭司，總是會將自己的內在情緒壓抑住，在逆位時卻讓自己的內在情緒如同海水一般宣洩而出。也許是壓抑太久，因此他的情緒波動相當的大，也開始將重心放在享樂上面。他不管所有的律法與規則，因為他現在只想要做自己，並且去盡情的享受所有的一切，他的行為也就變得更加開放與外放了。

參考關鍵字 ———————————

暴躁、情緒失控、沒有知識、錯誤的判斷、沒有深思熟慮、偏物質層面的想法。

解牌
小練習

工作：未來三個月工作狀況如何？

未來三個月，你的工作態度相當積極，但你的積極卻只是一種衝動，似乎你的做法都較沒有任何章法，只是一昧的往前衝。這樣的行為，其實對於工作的表現並沒有太多的加分，反而會提醒你要小心是否會因為太過於衝動，反而出現錯誤的判斷讓你事倍功半。

皇后

The Empress

對應占星｜金星

金星跟愛、美、享受有關，
大多指向享受美好的一切。

元素系統｜風、土元素

正位圖像細節解析

◆ **皇冠十二顆星**：代表一年十二個月的運作，也表示想法是比較
　固定有規範。

◆ **皇冠有桂冠**：十分重視榮耀這件事。

◆ **脖子七顆珍珠**：一周七天一樣的循環，放在脖子（喉輪）表示
　說話有分寸與規矩。

◆ **手握權杖**：上方圓球代表金星，掌控物質（也可以泛指掌控一
　切的意思）。

- ◆ **衣服紅石榴圖案**：代表女性的特質。
- ◆ **衣服寬鬆**：在認定舒適的環境中穿著或是懷孕的狀態。
- ◆ **橘色靠枕**：擁有豐富的經驗。
- ◆ **紅色靠枕與布**：有行動力。
- ◆ **黑色墊枕上方有金星符號**：一切都以享受為基本。
- ◆ **愛心符號椅子**：重視感情或感受面。
- ◆ **愛心內的金星符號**：重視愛情與享受，但綠色代表還是會保持安全距離。
- ◆ **稻穗**：豐收的意思，但沒與皇后接觸，中間有水泥地代表仍是重視社會觀感。
- ◆ **樹木與流水**：滋養成長的意思。
- ◆ **黃色背景**：豐盛、收穫。

正位人格特質：經驗豐富的享受者

正位圖像全面解析

優雅的皇后在她的花園裡悠閒的坐著，她輕輕高舉權杖代表她可以掌控及擁有這所有的一切。眼前的稻穗及後面整片森林、流水都是她所擁有的一切，也代表她可以享受這美好的生活。

但畢竟她是皇后，在享受的時候，還是得顧及社會道德的觀感，因此她還是得與盡情享受保持一點距離，藉以表現出自己的身分地位。她穿著的很寬鬆，也許她有了身孕，這也代表所有一切都是往豐盛美好的未來前進。

參考關鍵字

豐收、母愛、女性象徵、享受、符合社會觀感的愛情、懷孕。

愛情：他現在對我的感覺如何？

他現在對你的感覺非常的好，他享受與你之間所有一切的互動，不過可能是顧忌到一些個人因素，所以他還是維持著禮貌性的尊重，除此之外，他對你的感覺都已經持續在成長當中。就牌面來說，已經到達相當美好的階段，甚至想要再往前跨一步。

逆位圖像細節解析

◉ 切割上下重心在上

♦ **稻穗**：豐盛滿滿到滿溢出來的物質享受，甚至超越了水泥地，代表沒有節制的享受，也是失控的物質欲望。

♦ **金星符號**：十分重視享受或是愛情，但綠色顏色已消失，代表沒有節制跟保持距離。

◉ 萬有引力關鍵掉落

♦ **寬鬆衣服**：被掀開看似脫下寬鬆衣服，表示小產或是不再享受。

♦ **靠墊**：不再有享受的經驗，也沒有可以依靠的經驗。

♦ **權杖**：無法掌控所有一切，失去了對物質或愛情的掌控權。

♦ **皇冠**：腦子不再照規矩走，會胡思亂想。

♦ **桂冠**：不再以榮耀為依歸。

◉ 草木顛倒枯萎貧瘠

♦ **稻穗**：原本豐盛的收穫及享受消失，變成貧瘠。

♦ **樹木與河流**：不再有滋養成長的力量，如果跟懷孕關聯就代表小產。

◉ 建築崩毀訊息消失

♦ **愛心石椅**：無法再享受愛情與一切物質的享樂。

逆位人格特質：失去掌控的縱欲者

逆位圖像全面解析

原先重視形象的皇后，在逆位時，就變成了只想要享樂而不願意再遵從規範的人。她盡情的享受所有的一切，而且因為過度期望享樂因此把代表掌控的權杖都丟棄了，這也讓她變成了把所有的掌控權都交給他人而變成沒有任何自制能力的皇后。這樣的人，有時候會失控到過度的狀態而不自知，沉溺於享樂當中，難免讓他人覺得這個皇后已經失控了。

參考關鍵字

失控的物質欲望、貧瘠的、不豐富、不忠貞、氾濫肉慾、流產。

解牌
小練習

愛情：未來三個月該用什麼方法可以跟他在一起？

接下來三個月，你可以努力的跟他享受所有一切的物質享樂，讓他覺得跟你在一起都有享受不完的吃喝玩樂。藉由享樂，讓他開始對你產生更多的需求，這樣兩個人就可以先從這樣豐富的享樂過程中，因為需要彼此，而變成在一起。

No. 4 •

皇帝

The Emperor

對應占星｜牡羊座

牡羊座會以我為中心，較熱情主動，有時候會忽略掉他人的感受。

元素系統｜火元素

正位圖像細節解析

- ◆ **牡羊頭椅子**：牡羊座的特質：衝！加上石頭椅就是固執的往前衝。
- ◆ **皇冠**：代表王子成熟後加冕成國王，也表示成熟的想法。
- ◆ **皇冠上的寶石**：代表堅固的意念。
- ◆ **鬍鬚**：成熟的狀態，也表示展現出成熟的態度。
- ◆ **紅色披風與衣服（上方有牡羊頭）**：代表強大的行動力。
- ◆ **手握權杖**：埃及掌控生命與權力的安卡十字架，表示皇帝掌控

這些能力。

♦ **手握珠寶**：掌控財富，表示所要的一切都可以被掌握。
♦ **露出盔甲**：有足夠的毅力去面對挑戰。
♦ **藍色內裡衣服**：冷靜觀察，並確認時機後才會行動。
♦ **座位有階梯**：與人之間有上對下的概念。
♦ **光禿的山**：沒有滋養的能力，也表示只有征服沒有經營的能力。
♦ **接近枯竭的水流**：沒有滋養的力量。
♦ **背景橘色顏色**：強調與他人之間的關聯，也表示皇帝重視與他人之間的關係。

正位人格特質：掌控欲強的威權者

正位圖像全面解析 ────────────

嚴肅的皇帝坐在他的寶座上，他掌控所有的一切，他有牡羊座的強大行動力也穿上了可以防禦外來挑戰的盔甲。對他來說，他不只要掌控目前所有的一切，他還想要去征服更多外在的事物。

所以他的眼神正往其他方向注視，十分有野心的皇帝，將他的重心都放在拓展疆土上面，但對於所擁有的一切，要如何去經營就顯得沒有那麼在乎。

參考關鍵字 ────────────

權力、穩定的力量、父愛、男性的象徵、毅力。

解牌
小練習

愛情：他現在對我的感覺如何？

他現在想要征服你，對他來說，他認為你就應該是他的另一半，他對你有著強烈的控制欲望，他也想要掌控你的一切，他已經思考之後該如何去追求你。只是對他來說，他只有停留在如何追求你的階段，還沒有去想到，如果追到你之後該如何相處。

逆位圖像細節解析

◉ 切割上下重心在上
◆ **盔甲**：更強大的防禦心，代表不敢前進只能防禦。

◉ 萬有引力關鍵掉落
◆ **權杖與珠寶**：失去原本可以掌控的一切，讓皇帝憤怒。
◆ **裙襬**：下滑露出更多的盔甲，代表更加強防禦心。
◆ **鬍鬚**：遮住眼睛讓皇帝變成盲目及不確定方向。
◆ **皇冠**：代表不夠成熟無法加冕成為皇帝。

◉ 建築崩毀訊息消失
◆ **石椅**：原本堅持向前進的動力消失，變成退縮不敢前進。

逆位人格特質：情緒失控的暴君

逆位圖像全面解析

進入逆位的皇帝，他被自己代表成熟的鬍鬚遮蔽了雙眼，也表示他被自己過去的經驗所綑綁。這樣的狀況，讓他在接下來做事情是盲目不精確的，而看不到眼前一切的他，又發現自己的權杖跟珠寶都掉了，自然而然情緒也就跟著暴躁起來。

但到底是他的情緒完整的引爆出來？還是因為看不清楚未來而感到害怕退縮？就要看其他的牌到底是怎麼引導我們去解析了，但至少我們會發現皇帝已經失去了他原本穩定的特質。

參考關鍵字

情緒更暴躁、失控的狀況、不敢前進、退縮、不成熟的想法、害怕失去而不敢行動。

解牌
小練習

工作：未來三個月整個團隊的運作狀況如何？

未來三個月你的團隊似乎出現了一些紛爭，彼此之間都想要以自己的想法去領導整個團隊，但畢竟團隊是需要溝通的，卻在大家都想以自己為主的狀況下出現情緒暴躁的狀態，這樣的團隊氣氛將會讓整個團隊的運作停滯不前，甚至會有手邊專案進入到失敗的可能性。

No. 5

教皇

The Hierophant

對應占星｜金牛座

金牛座較溫吞，有專業能力，比較容易專注在自己在乎的事情上。

元素系統｜土元素

正位圖像細節解析

- ◆ **皇冠**：三層代表身心靈，也表示教皇的智慧涵蓋身心靈三層面。
- ◆ **皇冠上三根天線**：可以接通到上天所給予的身心靈智慧。
- ◆ **耳朵旁垂飾**：白色代表單純、純潔，也表示聽的時候不夾帶任何個人想法。
- ◆ **高領**：藍色代表謹慎說話。
- ◆ **紅色衣服上有白色 Y 型衣飾**：這為牛軛，是代表壓抑行動力的意思，而牛軛有十字架代表是受神聖的上天規範。

- ◆ **白色內裡**：內在純潔、單純。
- ◆ **左手握權杖**：代表掌控發聲的權利。
- ◆ **右手向上指**：表示這些話都是上天的訊息，也表示天授權力。
- ◆ **藍色裙擺**：冷靜不躁動。
- ◆ **黃色鞋子**：上方有十字架與牛軛一樣代表抑制期待。
- ◆ **石椅**：堅持己見，外圓內剛的態度。
- ◆ **紅色台階**：與他人有上對下的差異，而差異是因為擁有中間代表開啟某個關鍵的鑰匙。代表因為我擁有這個能力，所以你們必須要來聽我的。
- ◆ **鑰匙**：開啟某個能力的工具，也表示修道士來向教皇祈求開啟智慧的鑰匙。
- ◆ **紅色台階左右兩旁黑白方塊**：黑白分明及有所規範。
- ◆ **修道士**：黃色 Y 型牛軛代表被限制是心甘情願的。
- ◆ **後方柱子上方雕飾**：有男性與女性的性象徵，表示教皇懂這塊但只是放在那邊不用。

正位人格特質：遵循天意的引導者

正位圖像全面解析 ——————

嚴肅的教皇坐在他的座位上，高舉的手正表示他現在正在引領上天的智慧要傳達給在下方的修道士聽。修道士跪在下方正在聆聽教皇的引導，這樣的一個聆聽讓他們必須要把自己個人的想法與行動都放下。

在這神聖的領域裡，一切都以上天的旨意為主，男女之情與個人的私慾就先放在一旁，就算偶而想移動一下身軀，或是有自己的想法都要小心翼翼的進行，畢竟在這神聖的場所中凡事都還是謹慎的好，一切都必須照規矩走才是王道。

循序漸進、指引、緩慢的前進、教導、老師、婚姻、奴役、求助者。

> **解牌**
> **小練習**

愛情：他現在對我的感覺如何？

他現在對你的感覺較為平淡，雖然有逐漸增溫的狀況，但卻只是在一個他覺得上對下或是也可以學習或指導的狀態。也就是說對方並沒有對你有愛的感覺，比較像是以朋友的關係相處。

逆位圖像細節解析

◉ **切割上下重心在上**

◆ **修道士**：教皇反而要聽修道士的話，變成了錯誤的思想方向。

◆ **鑰匙**：為了某些自私的目的而來互動。

◉ **萬有引力關鍵掉落**

◆ **鑰匙**：原本為有可以開啟某些智慧的能力消失，轉為沒能力解決問題。

◆ **權杖**：失去後變成無法掌控所有一切，只能被他人帶著走。

◆ **皇冠**：擁有的智慧與能力不足，無法指引他人。

◆ **手勢**：原本向上代表上天指引，變成向下惡魔的引導，也是思想偏離正道的意思。

◉ **建築崩毀訊息消失**

◆ **石椅**：不再堅持己見，容易受他人誤導。

◆ **石柱**：對於兩性不了解，但會積極的去接觸。

◉ **顏色壓制逆位展現**

◆ **牛軛**：原本被壓抑的熱情開始大幅度展現，變成過度熱情甚至

有失控的狀況。

逆位人格特質：被惡魔佔據的神棍

逆位圖像全面解析 ———————————

原本高高在上的教皇，現在反而變成在畫面下方，他反而要聽從修道士的引導。這是一個錯誤的方向，也代表了這位教皇現在是能力不足而容易的受到他人的誘導。

他的手勢變成向下指，也表示是往墮落、惡魔的方向前進，所以他就變成更加重視物質層面而不再重視精神層次了，看來這個教皇已經不再有統御他人的能力，反而開始受控於那些錯誤的引導

參考關鍵字 ———————————

偏離的思想、沒有能力、很容易受外界影響、異端份子、為達目的耍手段。

解牌
小練習

愛情：未來三個月該用什麼方法才能讓他跟我在一起？

故意創造一些錯誤的謠言讓他覺得你是很熱門的被追求者。

製造許多人都在追求你，但你卻是對他情有獨鍾，利用這樣的錯誤資訊，讓他覺得如果不儘快把握住你，你可能就會跟其他人在一起，藉此引起他競爭的心態，就會讓他想要跟你在一起了。

No. 6

戀人

The Lovers

對應占星｜雙子座

雙子座十分重視精神層面，
因此會顯示出較重視精神的
狀況。

元素系統｜風元素

正位圖像細節解析

- ♦ **太陽**：光明及照耀，表示前途光明。
- ♦ **天使**：頭髮中有綠色顏色代表為大天使拉斐爾，雙手張開代表
  照顧及保護的意思。
- ♦ **天使紫色衣服**：代表智慧，也是運用智慧保護的訊息。
- ♦ **天使翅膀**：紅紫色代表智慧與行動力兼顧。
- ♦ **雲朵**：只展現出天使上半身，表示十分重視脈輪的上三輪（精神
  層面）。

- **男女雙手張開**：全然信任彼此（與聖經中的亞當夏娃有關）。
- **男生後方樹木**：十二朵火表示一年十二個月都充滿了欲火。
- **女方後方樹木**：四顆果實表示一年四季都有享受的欲望。
- **蛇**：代表誘惑，也表示男女都相信彼此，願意敞開心胸，但仍有物質欲望的誘惑。
- **山峰**：兩人逐漸靠近，就像爬山一樣越來越往好的方向前進。
- **兩人視線**：男看女、女看天使，代表心仍不定（傳統意思代表男重物質女重精神）。
- **兩人視線加天使**：形成火元素符號，表示十分重視精神層面。

正位人格特質：精神滿分的交流者

正位圖像全面解析 ───────────────

在天使的祝福下，這對男女現在正敞開心胸去面對彼此，彼此之間全然的將自己所有的想法與感受都與對方分享。

他們內在是有欲望的，但這不會影響到兩人的相處，他們的感覺正在逐漸加溫當中，也在天使的照料下逐漸向前，雖然當中並非是永遠把心思放在彼此身上，但至少兩人在相處時是那麼全心全意的面對。

參考關鍵字 ───────────────

戀愛、精神上的提升、相信對方、熱戀的開始、三心二意（訊息較弱）。

工作：未來三個月工作狀況如何？

未來三個月，你的工作狀況將會在與人際關係上有很好的交流。不管是同事間或是客戶間彼此都可以獲得很好的互動模式，也因為如此，所以接下來的日子你的工作將會相當得心應手，在大家的努力下持續往好的方向發展。

逆位圖像細節解析

◉ 切割上下重心在上

♦ **男女**：變成男女為主，天使墮落成為惡魔，故成為以肉慾為主。

♦ **山**：兩人靠近變成向下前進，也代表關係分離或是被阻擋。

◉ 日出日落光明黑暗

♦ **太陽**：變成月亮特質，許多事情出現不確定的狀況，包含心意搖擺模糊不確定。

◉ 萬有引力關鍵掉落

♦ **男看女女看天使**：原本火元素轉為水元素，代表在乎內心情感問題。

◉ 草木顛倒枯萎貧瘠

♦ **樹木**：枯萎代表沒有外來的誘惑，但男女本身就是欲望體。

天使墮落成為惡魔讓許多精神象徵轉為物質象徵。

逆位人格特質：享受當下的失敗者

逆位圖像全面解析

當人們開始以自己為主，全身赤裸的去享受肉欲的互動，原本鼓勵重視精神層面的天使，在進入逆位時墮落成為惡魔，這時

候就成了人們內心的欲望引導。此時人們不再相信精神層面，而是凡事都重視物質，中間的山也成了阻礙整件事情的關鍵，你所期待的將有可能會逐漸下滑到失敗的階段。

肉欲極強的情感、沒感情的交往、分離、被阻礙、三心二意、被破壞的感情。

解牌
小練習

愛情：他現在對我的感覺如何？

他現在對你就只存有想要享樂的心態，本身已經沒有太多的情感。雖然他之前可能對你有好感，但目前只剩下物質層面的感受，而且感覺還在持續下降的狀況，看起來一切都是往負面的方向前進，頂多只有想要享受當下而已。

6
─
戀
人

No. 7 ·

戰車

The Chariot

對應占星｜巨蟹座

巨蟹座有強烈的守護心，對於在乎的人、事、物有願意停下來用盡心思保護的毅力。

元素系統｜水元素

正位圖像細節解析

- **星星布幔**：以夜晚星星為睡覺時所看到的天，表示離開家往外前進。
- **頭上八芒星**：北極星，指引方向，也表示頭腦專注的往一個方向前進。
- **頭上桂冠**：重視榮耀。
- **頭上四尖角皇冠**：四元素具備且像太陽一樣嶄露頭角。
- **肩膀月亮及臉**：這張牌對應到巨蟹座，而月亮是巨蟹座的守護行

星，人臉放在月亮上即是代表守護內在所在乎的人，也有所謂保護的特質。

◆ **藍色盔甲**：冷靜且堅強的守護。

◆ **盔甲中的正方形**：堅定的意念。

◆ **星座腰帶與煉金符號裙襬**：擁有這些能力作為自己向前的工具。

◆ **左手沒拿韁繩**：用意志力去控制前進方向。

◆ **右手握權杖**：掌控所有一切的方向，表示不論想攻擊或是防守都由自己決定。

◆ **戰車輪子**：黃色的輪子代表前進可以有豐盛的收穫。

◆ **戰車上方標誌**：翅膀代表前進，盾牌代表防守，這代表戰車不管前進或防守都是十分優秀的，中間紅色符號為合一概念，表示進可攻退可守。

◆ **黑白芬克斯**：二元對立，各自朝一個方向，代表有不同的前進方向，但現在是坐著表示雖然有不同方向但仍未行動，有停留在當下思考的意思。

◆ **後方河流**：護城河，為保護城堡用，戰士在護城河之外代表離開舒適圈。

◆ **城堡**：戰士要保護的地方，代表守護在乎的人事物。

◆ **黃色背景**：有好的收穫或豐盛的結果。

◉ **補充資料**

戰士腰際以下沒入戰車裡面，其實代表的是「擬物化」，把人面獅身當作是戰士的雙腳及要前進的方向，目前有猶豫不決但堅守在地的狀態。

正位人格特質：意志堅強的戰士

正位圖像全面解析 ——————

偉大的戰士為了要守護自己的城堡，現在離開舒適圈，對他來說，要面對這些外來的挑戰，是件不容易的事。

他的心中有許多的想法與方向，謹慎的他，現在就站在自己的城堡外面先仔細思索並同時先以防禦國家為主。也許有一天他認為外在的挑戰減弱或是目標明確之後，他會駕起他的戰車勇往直前，不管是守衛或是往前衝，相信這位英勇的戰士都可以有很好的成就。

參考關鍵字

勇敢前進、面對考驗、需要意志力去執行、離開安逸的環境、有防備心。

解牌
小練習

工作：未來三個月工作狀況如何？
未來三個月，你的工作似乎遇到一些新的挑戰。雖然你是有能力可以去面對的，不過謹慎的你不會急著去處理，而是會仔細的思考。因此雖然暫時好像有點停滯的狀況，但實際上你只是在等待一個好的機會，等機會到了，就一口氣向前衝獲得成功。

逆位圖像細節解析

◉ **切割上下重心在上**
♦ **人面獅**：原本被戰士控制的獅子變成由他主導，代表受他人擺布。
♦ **盾牌與翅膀**：盾牌在上，代表防禦加高，反而不敢前進。
♦ **韁繩**：突顯出沒有韁繩的控制權，也表示是人面獅在上處於失控的狀況。

◉ **萬有引力關鍵掉落**
♦ **權杖**：無法再有防禦或進攻的力量，只能停在當下。

- ◆ **車輪**：翻車了，代表被自己或他人拖垮一切而無法再前進。
- ◆ **頭上八芒星**：看不到方向，沒有毅力面對挑戰。
- ◆ **桂冠**：榮耀掉落也表示失去了榮耀的特性，可解釋為失敗的狀態。

◉ **建築崩毀訊息消失**
- ◆ **城堡**：原本要守護的城堡被摧毀，代表要守護的事情已經失敗。

逆位人格特質：退縮無能的失敗者

逆位圖像全面解析

想要往前衝的戰士，受到太多外來的影響，導致他的座騎已經失控亂跑，而整個戰車也因此翻覆了。手中的武器在翻覆的過程中也掉落，變成無法守衛，也被自己的坐騎（思緒）打敗變成無法再前進。此時的戰士，只能停留在當下看著他所想要守護的家被外族摧毀，而這卻是他自己沒有掌控好所有節奏的後果，他得自己承擔一切。

參考關鍵字

退縮、防衛心極強、不敢面對挑戰、受人擺布、遭受失敗、被自己打敗。

**解牌
小練習**

我與另一半未來三個月的相處狀況如何？

未來三個月兩人之間有許多意見不合的狀況出現，彼此之間針對於這些不同的意見有許多的爭執，也因為這樣就產生了極大的失衡狀態而導致關係分裂。到最後兩人的關係都受了傷，甚至有決裂的可能。

No. 8

力量

Strength

對應占星｜獅子座

獅子座會展現自我魅力，喜歡像陽光一樣被他人注視及征服他人。

元素系統｜火元素

正位圖像細節解析

- ◆ **頭上無限標誌**：腦筋運轉得很好。
- ◆ **頭上花冠**：女性的柔性智慧，並且持續成長出更多的智慧。
- ◆ **白色衣服**：純潔、單純的想法。
- ◆ **雙手撫摸獅子的頭**：用女性溫柔的力量征服強大的挑戰。
- ◆ **獅子伸舌頭**：被馴服的象徵。
- ◆ **獅子尾巴朝下**：被征服的象徵。
- ◆ **女子身上花圈**：柔性的力量，隱約與獅子的獅鬃形成無限符號，

代表長時間持續的互動。

♦ **翠綠的草地與樹木**：持續成長往好的方向前進。

♦ **黃色背景**：豐盛的收穫。

正位人格特質：柔性征服的勝利者

正位圖像全面解析 ————————————

就如同一個強大的挑戰一樣，一頭獅子勇猛的站在女士的面前，然而這位女士專注且溫柔的去將她的手輕放在獅子的頭上，她運用溫柔的力量，讓獅子慢慢的被馴服，也運用自己的智慧，讓這代表挑戰的獅子臣服於她的魅力之下。有時候，溫柔且多花點時間的征服力量，會遠比強硬破壞的力量要更有成效。

參考關鍵字 ————————————

柔性的征服、女性的力量、有智慧的面對問題、一個成就的達成、柔能克剛。

解牌 小練習

愛情：未來三個月該如何才能追求到他？

放軟你的身段，多用溫柔的方式去與對方互動，相處的時候別急著要求在一起。多相處、陪伴並持之以恆，那麼這段時間內，對方就會被你的溫柔征服而在一起。

逆位圖像細節解析

◉ 切割上下重心在上

- **獅子**：外在挑戰變大，獅子從上而下壓制，女生也表示無法征服挑戰，甚至是被困住而無法再努力。
- **獅子**：刻意將獅子抬的很高，刻意展現個人力量，但小心可能失敗。
- **獅子鋒利的爪**：外在的挑戰變成相當的強大。
- **獅子的尾巴**：變成有自信的向上翹，外在挑戰變成相當的強大。

◉ 萬有引力關鍵掉落

- **無限標誌**：不聰明、沒有智慧。
- **頭上花冠**：無法想出更多的創意跟想法。

◉ 草木顛倒枯萎貧瘠

- **地上綠草地**：枯萎代表沒有辦法持續的成長。

逆位人格特質：被環境征服的輸家

逆位圖像全面解析

當獅子整個撲在女生的身上時，可以看到獅子的尾巴已經高舉起來，代表充滿了自信。而被獅子壓制的女生這時也只能想辦法要掙脫而已，代表智慧的無限標誌已經掉落。

面對於強大的挑戰，也變得不知道該如何面對，也許是之前自以為有足夠的力量去征服挑戰吧？過度的去展現自己的魅力，結果讓外在的挑戰反撲回來，現在的你只能夠接受被環境征服的無奈。

參考關鍵字

無法征服、被現實所困、缺乏信心、濫用力量（失控的可能）、
無能力。

解牌
小練習

愛情：他覺得我是一個怎麼樣的伴侶？

他認為你是個被現實壓垮的人，你對於未來沒有
任何期待，就只是活在每一個辛苦的當下，你的
生命就只是為了現實所有的一切而活，對他來
說，你就是一個沒有任何能力的人。

No. 9

隱者

The Hermit

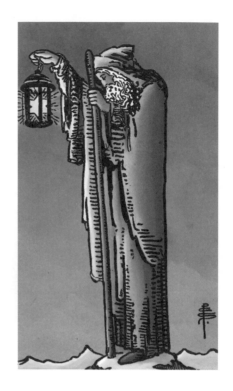

對應占星｜處女座

專注的做自己，會注重很細膩的事情而忽略與外界的交流。

元素系統｜土元素

正位圖像細節解析

- ♦ **全身灰袍含帽子**：中立並且低調，用帽子把自己遮住，表示不太願意給他人知道自己存在。
- ♦ **鬍鬚**：成熟的象徵。
- ♦ **低頭**：低調向內，向內探索的特質。
- ♦ **提燈**：內有六芒星代表大衛之星，指引方向。
- ♦ **站在高峰上**：代表遠離人群，有孤單的意思，站在高峰上也代表能力卓越 (80/20 法則)。

- ◆ **手握權杖**：本身行動力不足，需要靠權杖才能前進，藉此表現出被動的特質。
- ◆ **背景**：並非使用黑色，只是代表夜晚點燈可以指引他人。
- ◆ **背景山峰**：用雪白代表冰冷，也表示隱者的心是比較冷漠的。

◉ **補充資料**

- ◆ **大衛之星**：有封印及指引方向的解釋，這張牌中使用的是指引方向。

正位人格特質：獨自前進的智者

正位圖像全面解析 ─────

對於已經爬上人生高峰的隱者來說，這也是他現在人生的高峰點，他不會因此而自滿，反而正在低頭沉思接下來的人生目標該往哪裡去。

由於她是個低調的人，因此他不會去主動的告知他人他有多厲害，他只是靜靜的在思考接下來的人生旅程。這樣的動作在外界看起來似乎有點太過於自閉，不過如果你有問題去詢問他，他仍是願意提起一盞明燈為你指引方向。

參考關鍵字 ─────

探索內心的智慧、指引他人、孤獨、內省、遠離人群、有祕密害怕被發現。

工作：未來三個月工作狀況如何？

你的工作能力已經很好，未來三個月都不會有太多問題。但你似乎在規劃自己人生的未來，雖然這不會影響你的工作，但也顯示出你的心不在了，同事來找你幫忙你還是會很樂意幫忙，只是你就不會多做其他老闆未交代的事。

逆位圖像細節解析

◉ 切割上下重心在上

◆ **山峰**：原本在山峰頂上變成在山底下，也表示能力一般及靠近人群 (80/20 法則)。

◉ 萬有引力關鍵掉落

◆ **裙襬掀開**：原本隱藏起來的情緒轉變成為情緒完全展現成暴躁。

◆ **權杖**：掉落可分成 1.不再需要：充滿活力，2.失去：無法行動。

◆ **燈**：歪斜代表錯誤的指引方向，掉落代表無法指引方向、混亂。

◆ **帽子掀開**：露出人臉代表願意開始靠近人群展現自己。

◆ **鬍鬚**：遮住眼睛代表盲目沒有方向。

◉ 日出日落光明黑暗

◆ **北極星**：星星消失代表無法指引方向，看不到未來。

逆位人格特質：思想混亂的一般人

逆位圖像全面解析

站在山底下代表隱者的能力只是普通，因為在山下也代表跟他一樣平庸的人也非常的多，這代表隱者其實還是跟大家生活在

一起並沒有離群索居。這樣的他又自稱是隱者，自然會覺得他給了許多的錯誤資訊。而能力不被他人看好的隱者，就很容易因此覺得不知所措，甚至會因此生氣而變成一個情緒化的人。

參考關鍵字

情緒失控、暴躁、過於謹慎、拖延時間、錯誤的意見、混亂沒有目標與方向、靠近人群、能力不好。

解牌
小練習

愛情：他現在對我的感覺如何？
他現在對你的感覺相當情緒化，似乎有點想要不顧一切的靠近你，但這種靠近並非是真心的喜歡你，比較像是當下的衝動，而沒想太多後果的喜歡。因此可以說是衝動的喜歡，並非是真正了解後的喜歡。

No. 10

命運之輪

Wheel Of Fortune

對應占星｜木星

木星是一個變動的氣體行星，
由於氣體的不確定性，大多
會被拿來指向跟幸運有關。

元素系統｜火元素

正位圖像細節解析

- ◆ **左上角人類**：水瓶座（風元素）。
- ◆ **右上角老鷹**：天蠍座（水元素）。
- ◆ **左下角牛**：金牛座（土元素）。
- ◆ **右下角獅子**：獅子座（火元素）。
- ◆ **以上四個元素都在讀書**：代表四元素在學習成長，也表示許多
  事情都還在學習當中未到達結果。
- ◆ **輪子右邊胡狼頭**：阿努比斯神，負責守護冥府，也是勸人為善

的神祇。

- ♦ **輪子左邊蛇**：邪惡之神阿佩普，屬於邪惡的力量，讓他人墮落。
- ♦ **輪子上方神獸**：智慧與力量的神獸，代表用祂來平衡所有的一切不至失衡。
- ♦ **輪子第一層**：ROTA(輪子)、ORAT(說)、TORA(律法)、ATOR(哈托爾)。
- ♦ **另外四個希伯來文 YHVH**：代表上帝最古老的稱呼語，表示這是不可撼動的事實。
- ♦ **第二層四個符號**：右邊 - 硫 (火)，上 - 汞 (風)，左 - 鹽 (土)，下 - 水 (水)。
- ♦ **第三層四條線向外輻射**：這些道理是可以無遠弗屆的傳遞出去。

正位人格特質 ： 循序向上的學習者

正位圖像全面解析

在這個世界當中，所有一切的四元素現在都在學習當中，整個世界也都在持續運行中。

三位神獸的運作，代表凡事都是持續在變化，有好有壞的轉變，但由於阿努比斯神身體較大，因此他可以承擔起向上的力量，這力量會比阿佩普讓人墮落的力量更大，所以也代表所有一切都是持續向上前進的。雖然這一切都還只是在學習及成長中，尚未到達結果，但至少可以期待的是，這件事是往好的方向前進。

參考關鍵字

運氣、循環、不確定的狀態、學習中、成長、未有答案的狀態。

愛情：他現在對我的感覺如何？

他現在對你的感覺正持續的成長當中，雖然有些互動讓他對你有些不好的觀感，但更多的好感也讓他對你仍是持續增溫中，只是目前許多的感覺都還在慢慢成長中，而非已經到達最好的感受。所以還未到真正愛的階段。

逆位圖像細節解析

◉ **切割上下重心在上**

◆ **阿努比斯**：但他變成從上而下，也表示這個輪子是往下轉。

◆ **阿佩普**：變成只有靠邪惡才能成向上成功，也表示需要走偏門。

◉ **萬有引力關鍵掉落**

◆ **四元素**：書籍掉落代表沒有成長性。

◆ **下方神獸**：沒有智慧與力量去面對挑戰，也表示沒有能力。

逆位人格特質：不走正軌的怠惰者

逆位圖像全面解析

原本勸人向善與向惡的神獸現在都顛倒過來了，代表原本正確的方向與順序都被破壞，也表示所有的正常運作已經失去秩序。

而由於阿努比斯比較大隻，代表他帶動輪子向下的力道比較強，因此這件事看起來朝不好的方向前進。能讓這件事往上前進的只剩代表邪惡的阿佩普，也表示如果要讓事情成功，只能走邪惡的路（偏門）。而四元素的書籍也都掉落了，看起來大家都不願意再學習任何事情，所以很多事就停滯於當下，不再有成長。

每況愈下、不好的狀況、錯誤的方向、順序被破壞、沒有順序、往偏門走。

<table>
<tr><td>

解牌
小練習

</td><td>

工作：未來三個月工作狀況如何？

未來三個月的工作每況愈下，每件事情都已經失去了原本的順序，原本掌握住的節奏都已經亂掉，讓你無法再好好的做事，你的心態也因此變成懶散不想再學習，整個工作狀況就往不好的方向前進。

</td></tr>
</table>

No. 11

正義

Justice

對應占星｜天秤座

天秤座凡事都要追求平衡，講求優雅的去面對所有的一切。

元素系統｜風元素

正位圖像細節解析

- ♦ **灰色柱子**：沒有任何裝飾，代表專注於中立一事。
- ♦ **柱子懸掛紫色布幔**：用智慧作為自己評斷的依靠。
- ♦ **皇冠**：代表一定的地位，也表示有被授權執行判斷一事。
- ♦ **皇冠上寶石**：藍色代表冷靜，正方形為規範，表示冷靜堅持的去判斷。
- ♦ **紅色衣服**：強大的行動力。
- ♦ **綠色披風**：加諸在紅色衣服上，代表保持距離而不任意行動。

- ◆ **披風鈕扣**：正方形（土元素）將圓形（火元素）包住，也表示先將行動力停止。
- ◆ **石椅**：堅持、固執的行為與態度。
- ◆ **左手天秤**：追求平衡與平等。
- ◆ **右手寶劍**：法律的力量，可以做出裁決及懲處。
- ◆ **露出鞋子**：一是代表隨時可以起身前進，也說明了想清楚之後就可以快速前進，二是代表露出自己的一些想法與準備行動的方向，可解釋為有點小私心的展現。
- ◆ **階梯**：一個上對下的態度，也有站在比較高的角度去決斷一些事的態度。
- ◆ **背景**：黃色背景代表有著豐收的意涵。
- ◆ **短髮**：乾淨俐落，也表示簡潔有力。

正位人格特質：公正正義的執法者

正位圖像全面解析

代表公正、正義的法官，正端坐在他的石椅上，他高舉著寶劍，代表宣誓一個法律的權力。而另一隻手則是他衡量萬物平衡的天秤，在做任何事情之前都會先仔細思考並且努力的做出正確的評斷。

雖然他偶而會有些自己的想法參雜於其中，但至少他會努力做到公平的態度。如果他發現一切是不公平的，他就會將他手中代表法律的寶劍向下斬，讓那些不公義的事情恢復平衡。

參考關鍵字

略為偏頗的正義、追求平衡、對等的付出、婚姻效力、追求合理、為求平衡可作破壞。

解牌 小練習

愛情：他把我定義在什麼關係上？

他現在很冷靜地看待你們之間的關係，他認為你們之間是一個平等的互惠模式，除此之外他沒有太多的感覺。畢竟他覺得你們的關係應該只是互利的互動關係而不會有情感成分存在。

逆位圖像細節解析

◉ 切割上下重心在上
- ◆ **露出的腳**：一個自私的展現或是即刻行動不拖延。

◉ 萬有引力關鍵掉落
- ◆ **天秤**：歪斜或掉落表示不公平的狀態。
- ◆ **寶劍**：不再有思考的動作，已經快速向下斬斷，配合天秤歪斜代表失衡的行為。
- ◆ **皇冠**：原本該有堅定榮耀的想法已經不再，就隨意判決。

◉ 建築崩毀訊息消失
- ◆ **石椅**：不再堅持該做的事，而會有隨意判斷的狀況出現。
- ◆ **石柱**：智慧之幕掉落，表示沒有智慧做依靠。

◉ 顏色壓制逆位展現
- ◆ **綠色披風**：脫落，展現下方紅色強大的行動力，也是任意行動的意思。

逆位人格特質：自私自利的掌權者

逆位圖像全面解析

這個法官現在似乎變得很自私，他心中的那個天秤已經歪斜。他也不再去仔細思考何者為榮耀的依歸，這樣的他自然很隨興

的就把手中的寶劍斬下。對他而言，反正也無需要再為榮耀堅定意志，那不如就為自己而做事，因此只要對他有利的事，他就很樂意利用手中的權力去做任意的決斷。

參考關鍵字 ———————————————————

不公正、自私、唯利是圖、誣告、訴訟、破壞、快刀斬亂麻
（但是做得不好）。

解牌 小練習	**工作：未來三個月工作狀況如何？**

請多留意未來三個月你的工作將會有失衡的狀況出現。這包含你的工作可能有牽扯到法律的問題，或是你太過於心急或自私，而讓一些事情做得不夠完美，你的工作可能即將會面臨非常大的挑戰。

No. 12●

吊人

The Hanged Man

對應占星｜海王星

海王星代表犧牲奉獻，為了理想先不求回報，努力的付出，十分重視理想層面。

元素系統｜水元素

正位圖像細節解析 ────────────

- ◆ **樹幹**：限制的意涵，與黃色鞋子的組合代表限制期望被達成。
- ◆ **黃色鞋子**：一個期待落實的願望。
- ◆ **紅色褲子**：強大的行動力。
- ◆ **藍色衣服**：冷靜的思考。
- ◆ **藍色腰帶**：用冷靜去限制自己的思考力，也就是跟自己說不要再想了。
- ◆ **雙手往後綁**：展現出胸膛的狀態，相信及自信的態度去面對一

切。

♦ **頭上光芒**：神聖的特質，代表這件事（包含被倒吊）都是有其神聖意涵而非被懲罰。

♦ **腳成數字** 4：堅持付出的態度（數字學的 4 代表堅持）。

正位人格特質：甘願付出的犧牲者

正位圖像全面解析 ——————

傳說中北歐的奧丁大帝，他希望為他的人民帶來文字系統，讓他們的歷史可以被流傳，因此他將自己倒吊在世界之樹上九天九夜。

這段時間，他為他的期待，努力的祈禱神明，就算他看不到何時會有答案出現，但對他來說，他仍努力堅持的去做他認為該做的，就像這圖像中的倒吊人一般，堅持的付出不求回報。也許當下他的心中想的是，就算沒有結果，只要我做了就有機會吧。

參考關鍵字 ——————

甘願付出、不求回報、為悔改而自我懲罰、犧牲的精神、等待一個結果。

| 解牌
小練習 | **愛情：他現在對我們的關係有什麼想法？**
他現在只想要努力的對你付出，雖然他仍期待跟你有些未來的發展性，但現在的他卻覺得只想要對你好，未來的事情他先沒想那麼多。因為對他來說，只要是可以讓他對你付出，他就會感到相當的快樂。 |

逆位圖像細節解析 ——————————————

◉ 切割上下重心在上

♦ **光芒**：沒有犧牲還是自認為有犧牲的狀況，代表錯誤的說法。

♦ **雙手放身後**：抬頭挺胸自信的認為自己做的是對的。

♦ **頭上仰**：自以為是，不在乎他人的想法。

◉ 草木顛倒枯萎貧瘠

♦ **樹木**：枯萎讓人掉下來，就不再被限制綑綁，也就不再付出。

◉ 顏色壓制逆位展現

♦ **腰帶**：腰帶掉落，展現藍色顏色衣服代表都只是理智的想，但不做（褲子紅色消失）。

逆位人格特質：自以為是的自大者

逆位圖像全面解析 ——————————————

驕傲的吊人現在將頭抬的很高，他很自傲的跟大家說：你看，我為了大家犧牲奉獻把自己吊在樹上，我就像那偉大的奧丁一樣，為了大家犧牲自己的自由，然而其實後方的樹早就枯萎。他也並沒有真的被吊在樹上，只是說一套做一套的想要博取名聲罷了，畢竟他只是自以為是，以為這樣就可以獲得他人的掌聲。

參考關鍵字 ——————————————

不願意付出、只在乎自己、沒有意義的做事、忽略他人的感覺、錯誤的說法。

工作：未來三個月工作狀況如何？

未來三個月你在工作上顯得不太有重心，雖然你仍對外說出你為工作有多努力的付出，然而實際上你卻沒有真正的為工作努力付出，反而只是想要藉此沽名釣譽的得到更多的掌聲，因此未來三個月的工作狀況是很糟的狀態。

No. 13

死神

Death

對應占星｜天蠍座

天蠍座會讓人感到較陰沉，
擁有將目標摧毀的力量，能
仔細觀察，有高度洞察力。

元素系統｜水元素

正位圖像細節解析

- ◆ **旗幟**：薔薇十字會會徽，代表重生的意涵，旗幟是宣揚理念而非強制。
- ◆ **盔甲上羽毛**：火鳳凰羽毛，已經進入到死亡並需要浴火重生的階段。
- ◆ **黑色盔甲**：死亡這件事是令人感到沉重壓力的。
- ◆ **黃色骷髏**：內在是喜悅的本質。
- ◆ **白色馬**：單純、直接的將死亡帶來。

- ♦ **地上死掉的人**：皇帝，代表那些不好的必須死亡。
- ♦ **小孩子**：愚者，單純的人可以勇敢面對死亡。
- ♦ **女生**：力量，再有能力都不敢面對死亡。
- ♦ **教皇**：教皇，再有智慧與地位面對死亡都要虔誠以對。
- ♦ **以上四個**（**地上死掉的人、小孩子、女生、教皇**）綜合解釋不
  單一解釋。
- ♦ **河上的船**：擺渡者，協助亡者往冥府前進。
- ♦ **右上方太陽**：前方有塔代表摧毀的意涵，而旭日東昇必須在摧
  毀之後，也表示必須先將問題解決後才有全新的開始。

正位人格特質：洗心革面的改革者

正位圖像全面解析 —————————————————

代表結束的死神已經到來，不管你是多有權力的皇帝或是多有智慧的教皇，甚或是有柔性力量的女性都無法不面對死亡。而死神的到來並非是代表所有一切的終結，他只是要我們好好的去省思自己過去的過錯，別被那些外在曾經擁有過的光芒所欺騙，把那些不對的事情好好的徹底反省跟解決，其實美好的未來正在等著我們。

也唯有像小孩子一般純潔的面對這些未來，我們的未來才會如同被摧毀後的塔面即將出現的太陽一般，充滿希望。

參考關鍵字 —————————————————

毀壞、舊的結束、新的開始、必須認真的反省過去、一個轉變的關鍵期。

愛情：三個月內該用什麼方法可以跟前男友復合？

三個月內請仔細去思考當初在一起時你的問題在哪？並且讓對方覺得你有認真的去反省，甚至可以讓對方覺得你已經改變了那些問題，讓他看到已經改變後全新的你，自然就會有機會復合了。

逆位圖像細節解析

◉ 切割上下重心在上
- ◆ **皇帝**：過去的錯誤持續為主，不願意改過。
- ◆ **女生**：不願意去面對死亡這件事。
- ◆ **小孩**：愚蠢的想法。
- ◆ **教皇**：只重視個人欲望（往惡魔角度思考）。
- ◆ **船**：水在船的上方，代表船被水淹沒，也表示無法面對死亡這個階段。

◉ 萬有引力關鍵掉落
- ◆ **旗幟**：無法再宣揚重生的理念。

◉ 日出日落光明黑暗
- ◆ **太陽**：變月亮模式，代表沒有新的開始。

◉ 建築崩毀訊息消失
- ◆ **塔**：未摧毀就消失，表示沒有摧毀的階段，也表示不願意去突破。

逆位人格特質：無力改革的失望者

逆位圖像全面解析

原本宣揚將不好的事物去掉，要鼓勵人們往前進的死神，他手

中宣揚理念的旗幟掉了，原先應該被白馬踩死的國王，此時也逃脫出死神的掌控，似乎所有的一切都無法去破除那些不好的，就像太陽日落西山一樣的終結。不好的仍是繼續掌控一切，而要改過的卻不再有力量，世界進入了渾沌的黑暗中。

參考關鍵字

無法面對過去的錯誤、不願意改過、疾病、停滯不前、對於未來有所期望但不願意付出。

解牌
小練習

愛情：前男友覺得我是一個怎麼樣的女生？

在他心中，他覺得你是相當固執的人。你有自己的想法，不管對錯都不願意去聽他人的意見，這樣任性的你，在與他人之間的相處只會想到自己，並且只會去責難他人而不懂得反省自己。妳的前男友覺得你的重心都只放在自己身上。

No. 14

節制

Temperance

對應占星｜射手座

射手座會專注於將事情不斷
的鑽研往更好的方向前進。

元素系統｜火元素

正位圖像細節解析

- ◆ **天使**：大天使麥可，代表火的天使，有淬煉與揚升的力量。
- ◆ **頭上發光**：智慧的展現。
- ◆ **頭上符號**：黃金的符號，代表最高的成就，也是淬煉最終的結果。
- ◆ **胸口三角形**：火元素的符號，代表用火淬煉杯中的水。
- ◆ **紅色翅膀**：強大的行動力，前進的力量。
- ◆ **兩個聖杯**：兩隻手不斷的將杯中水倒到另一杯子中，藉由過程

中的火淬煉達到將雜質去掉，得到最後完美、純淨的結果。

◆ **白色衣服**：代表單純、無雜質的意思。

◆ **雙腳位置**：一腳在陸地上代表物質世界，一腳在水裡代表情感 / 精神世界，這兩者平衡。

◆ **兩朵花**：鳶尾花 / 愛麗絲花，代表如同彩虹般的絢麗與多變。

◆ **道路與太陽**：代表成功與榮耀之路。

正位人格特質：專注揚升的煉金者

正位圖像全面解析 ——————————————————

天使專注的將手中兩個杯子的水不斷的倒出與接受，這代表正在將一些水中的雜質逐漸去除。

兩隻手的協調性是需要很好的，就像團隊合作一般的順暢，而在過程當中，胸口代表火元素的標誌正表示要把那些水轉換成為蒸氣，也是提煉成為更好的可能性。

一腳踏在水裡，一腳踏在陸地上，也代表我們需要注重到現實與情緒之間的平衡，不要過度重視任何一塊。在平衡的過程中，逐漸提升自己的能力，如果可以達到這樣的平衡，在旁邊的成功之路就已經可以看到旭日東升的太陽了。

參考關鍵字 ——————————————————

自我控制、淬煉、找尋心靈與現實中的平衡、團結向前、提升能力、專業能力。

**解牌
小練習**

工作：未來三個月工作狀況如何？

未來三個月，你在工作上可以透過不斷的磨練而達到能力不斷提升的狀態。在這些日子裡，也許你會辛苦一點，但卻是不斷的將你的本職學能提升，甚至如果是有團隊合作的朋友，更可以在這三個月內，與團隊達成一個相當好的目標讓他人為你們慶賀。

逆位圖像細節解析

◉ 切割上下重心在上
♦ **湖泊**：重視個人情感。

◉ 萬有引力關鍵掉落
♦ **湖泊水掉落**：只剩陸地代表只重視物質的層面。
♦ **杯子的水掉落**：代表雙手不協調，藉此代表團隊能力不好。
♦ **黃金符號**：不再精純到最好的階段。
♦ **胸口三角形**：變成水元素，太重視個人情感不再注重團隊。
♦ **天使**：墮落變惡魔，表示只重視物質的欲望。

◉ 日出日落光明黑暗
♦ **太陽**：不再有榮耀的未來，也代表一切往日落西山方向前進。

◉ 草木顛倒枯萎貧瘠
♦ **鳶尾花**：不再榮耀，沒有變化多端的狀態。

逆位人格特質：粗糙隨意的物欲者

逆位圖像全面解析

當天使墮落成為惡魔後，所有的精神層面也將轉換成為物質層

面。而原本重視團隊合作所以杯子裡的水有不斷淬煉的動作，但現在太重視個人的情感，所以變成不協調，水掉了無法再淬煉，也無法向上。而代表光明面的太陽也逐漸日落西山，讓未來的方向不再光明，所有一切都掌控在惡魔的手中，成為只重視自己欲望而不願意讓事情向上揚升的墮落方向。

參考關鍵字

失控、錯誤的想法、自我中心、不願意與他人共事、粗糙不精純、大意。

解牌
小練習

愛情：他現在對我的感覺如何？

現在他對你沒有太強烈的感覺，因為對他來說，他現在只想要把重心放在自己身上，不願意放太多注意力在你身上。他對你的感覺，頂多就是吃喝玩樂的朋友狀態，其他就沒有太多想法了，也許他根本沒重視你。

惡魔

The Devil

對應占星｜摩羯座

摩羯座很重視物質世界，做事情很踏實，但內心有許多的欲望。

元素系統｜土元素

正位圖像細節解析

- ◆ **惡魔身上動物的形象**：代表原始的動物欲望。
  山羊的角、驢子的耳朵、山羊的鬍子、蝙蝠的翅膀、山羊的腿、鳥的爪。
- ◆ **惡魔頭上逆五芒星**：代表滿腦子都是物質的想法。
- ◆ **右手手掌兩隻指與另兩隻手指分離**：代表背離上天的道理。
- ◆ **左手火把**：除了照亮物質世界外也是一個藉由燃燒（失去）某些物質換取光明（獲得）。

- ◆ **惡魔身體**：土色系代表物質世界的特質。
- ◆ **男女**：與戀人牌一樣，但頭上已有惡魔角，尾巴有代表欲望與物質的特徵，代表這兩個人已經被自己的欲望所綑綁。
- ◆ **鐵鍊**：從惡魔腳下拉出兩條鐵鍊綑綁男女，但其實鐵鍊並沒有鎖死，這代表這兩個人是心甘情願的被綑綁。
- ◆ **黑暗的背景**：壓力很大的狀態，亦或是解成邪惡／惡魔的特質。

正位人格特質：物質成就的欲望者

正位圖像全面解析

被惡魔用鎖鍊綁住的男女，這時已經不是像戀人牌一樣，只是外來的誘惑。因為現在是由自己身上長出尾巴，代表自己已經被欲望所困住。

雖然表象看起來，好像是兩個人被惡魔抓到了，但如果仔細看，會發現其實脖子上的鐵鍊並沒有綁得很緊，是可以隨時掙脫的。然而他們卻沒有，也許正因為他們自己也有強大的欲望，所以心甘情願被惡魔所綑綁，因為這樣他們就可以有理由與藉口說我被惡魔控制了，所以我充滿了欲望，而不用羞愧地說出我自己就有欲望，但不管如何，看起來他們的物質享受將會是十分豐富的狀況。

參考關鍵字

物質的欲望、自甘墮落、肉欲、奉承、受引誘、邪惡的想法、偏物質方面的訊息。

解牌
小練習

愛情：他現在對我的感覺如何？

他現在對你滿腦子就是想要吃喝玩樂，甚至可以強烈到想要發展親密行為的想法，不過在精神層面上就顯得相當薄弱。對他而言，現在並沒有想要好好的與你談場戀愛的想法，最多只是想要來個短暫的激情。

逆位圖像細節解析

◉ 切割上下重心在上

◆ **男女**：以人的欲望為主，表示欲望已經大於惡魔。

◆ **火把**：欲望被展現的更強大，需要消耗的東西更少。

◆ **鐵鍊**：更加強被欲望控制住的情形。

◉ 萬有引力關鍵掉落

◆ **男女**：掉下來顯示想逃亡，但這時反被鎖鏈勒住，代表想逃而逃不掉。

◆ **逆五芒星變成正五芒星**：代表很多的欲望想法，也相當於精神層面的欲望存在。

逆位人格特質：無法逃離的縱慾者

逆位圖像全面解析

原本被惡魔控制的男女現在拿到了控制權，連惡魔都淪為他們的階下囚，這也代表他們的欲望更加強，但雖然他們已經成為了惡魔的主人，但他們身上仍有枷鎖困住。他們與惡魔已經是密不可分的關係，就算他們現在想逃脫也就會被鎖鏈勒住而逃脫不了，而惡魔雖然已經為奴隸但仍會不斷的給予人們許多欲望的幻想，

所以現在雖然人們不是惡魔的奴隸卻已經成為自己欲望的奴隸。

參考關鍵字 ————————————————————

想逃離物質枷鎖（但還沒成功，或是脫離不了）、物質欲望加強、
自我限制、精神凌駕外在（負面訊息）。

解牌
小練習

愛情：未來三個月工作狀況如何？

未來三個月，你的工作表現相當的好，對你來
說，你的全部火力都是放在如何賺錢上面，因此
你的工作狀態相當好，也可以有很好的收穫。只
是因為你把太多心思放在上面而讓你自己其他
的時間就被犧牲掉了，例如與家人相處時間或是
健康。

No. 16

塔

The Tower

對應占星｜火星

火星是代表快速破壞的一顆行星，會與健康、性、行動力有關。

元素系統｜火元素

正位圖像細節解析

- ♦ **塔**：一個被建立起來的物質世界，也表示是被累積起來的某些事情。
- ♦ **塔上方的皇冠**：代表榮耀或是身分地位，指向精神層次的特質。
- ♦ **右上方閃電**：快速破壞原本所建立起來的物質或是精神層面。
- ♦ **三個窗戶**：代表身心靈世界。
- ♦ **窗戶著火**：身心靈都被摧毀。
- ♦ **二十二道火焰**：代表大牌的二十二張都被摧毀。

- **男女往下跳**：因為無法接受當下的狀況而慌亂的跳樓，代表一個失控的狀況。
- **黑色背景**：相當大的壓力。
- **雲**：有些事情是被遮蔽無法看清的。

正位人格特質：世界崩解的傷痛者

正位圖像全面解析

一座被建立起來的塔，上面原本放著代表榮耀的皇冠，國王跟皇后幸福美滿的住在裡面。然而天有不測風雲，突然之間一道閃電直劈過來，將這座塔一瞬間摧毀，在裡面享樂的國王與皇后，在這震驚的狀況下，來不及反應只好倉皇的從窗戶跳出。這樣的意外狀況，不只是讓國王與皇后長年累積起來的一切被摧毀，甚至連他們的生命都受到嚴重的傷害。

參考關鍵字

突發的狀況、措手不及、打破舊觀念、失去一切、穩定的生活消失、轉換的變化、無法接受的情形、破產。

解牌
小練習

工作：未來三個月工作狀況如何？

未來三個月內，工作上將會出現突發其來的意外。這些意外讓你措手不及，而且會讓你失去目前所有努力付出的一切，而這些狀況，除了讓你不知所措之外，可能還會讓你連工作都不保，要多加留意，多加注意以免被這些意外打敗了。

逆位圖像細節解析

◉ 切割上下重心在上

- ◆ **基地**：就算塔摧毀了至少還有基地在，表示事情不到最糟。
- ◆ **男女**：往上跳表示逃離現在的狀況。
- ◆ **閃電**：在下方變成較為弱，雖然仍有摧毀但傷害減輕。
- ◆ **三個窗戶**：一樣燃燒，但人先逃走表示狀況減緩。
- ◆ **皇冠**：仍是摧毀狀態，代表仍是有傷害存在。

◉ 建築崩毀訊息消失

- ◆ **塔**：原本會被摧毀的塔消失了，閃電打不到也表示不再會被摧毀。

逆位人格特質：逃離毀壞的避難者

逆位圖像全面解析

閃電仍是打到了塔，但裡面的人卻已經先行逃離，他們往上奮力一跳，雖然不知道之後是否是安全逃離還是又摔下來。但至少在這個雷電交加的時刻，他們跳脫出這些最緊急的危機，雖然仍看到既有的傷害與損失，但至少對於國王與皇后而言，他們已經逃離危機，可以看到他們的土地仍是存在的，等到災難過去後再重建一切就好。

參考關鍵字

毀壞、突發性的意外、想逃離現狀、預料的挑戰未到但已經想逃避、逃離災禍。

愛情：未來三個月與另一半相處狀況如何？

未來三個月你與另一半相處上，可能會有一些意外狀況出現。這些意外狀況會讓兩人出現一些紛爭與不愉快的相處，不過因為兩個人會在當下好好的去處理這些突發的意外，所以雖然還是有些傷害，但至少是不會太嚴重的。

No. 17

星

The Star

對應占星｜水瓶座

水瓶座有虛幻不確定的狀態，他通常是會有好結果但中間卻有不確定的訊息。

元素系統｜風元素

正位圖像細節解析

- ♦ **黃色八芒星**：北極星，指引方向。
- ♦ **七顆白星星**：一周七天，代表創意的循環不斷。
- ♦ **星星特質**：會閃爍，就像總會有許多創新的想法靈光乍現。
- ♦ **黃色頭髮**：對未來充滿樂觀與期待。
- ♦ **兩手水瓶**：水往陸地與湖泊倒，代表將期待放入現實與潛意識中。
- ♦ **全身赤裸**：單純的想法與願望。

- **低頭注視**：專注面對這件事，也表示對於願望很在乎。
- **腳沒有踏入水中**：代表這個女生並非是現實真人，只是一個意象的表徵。
- **陸地的水流**：有五條水流分別代表五感的落實（眼、耳、鼻、口、身）。
- **陸上花朵**：願望正在實現當中，但仍未到達最完美階段。
- **遠方樹上小鳥**：朱鷺，代表智慧。喜鵲，代表報喜，但離主角有點遠，表示還需要一點時間，但是往好的方面前進的。
- **夜晚**：藍色代表寧靜。

正位人格特質：充滿希望的祈禱者

正位圖像全面解析 ——————————

一個女生，正專注的將代表期望的水緩慢的倒入湖泊與陸地中，這代表她對於未來充滿了期待。她的腦海中對於未來是有所期待與方向，而且她也非常的聰明。

這些動作也代表她正在持續往對的方向前進，雖然代表成功的喜鵲離她仍有一段距離，但至少我們可以從地上長出的小草，知道這一切都是往好的方向前進。她正平靜的、繼續的專注於她所期待的事情上，等待一個好的結果出現。

參考關鍵字 ——————————

一個希望、心中的想法、有信心、靈光閃現、好預兆、精神上的戀愛、一個未展開的規劃、各方面的平衡。

解牌
小練習

愛情：他現在對我的感覺如何？

他現在對你的感覺相當的好，不只是在外在的互動上，連內心的感受也覺得兩個人之間的關係相當的契合。他會想要與你再往前進一步，雖然他還不知道該怎麼做，不過可以期待的是，他現在對你的感覺是往戀人的方向前進的。

逆位圖像細節解析

◉ 切割上下重心在上

◆ **陸地**：因為水會掉落所以只剩陸地，代表很重視現實層面，在與他人之間的關係中就成為只重視現實利益的關係。

◉ 萬有引力關鍵掉落

◆ **湖泊**：水全部掉下代表精神層面不再，只有剩下現實層面。

◆ **壺中水**：原本的期待都沒辦法落實在陸地及湖泊，代表期待落空。

◉ 日出日落光明黑暗

◆ **北極星**：指引方向能力消失，代表看不到未來。

◆ **小星星**：小星星消失代表沒有好的想法以及創意。

◉ 草木顛倒枯萎貧瘠

◆ **樹木**：枯萎後，鳥無法站立就飛走，代表沒有智慧或是不再有好運。

逆位人格特質：失去平衡的物欲者

逆位圖像全面解析

當時間過去夜晚即將變成白天，星星的消失，讓方向與目標跟

著消失。期待的水流，無法落實到女生的現實與潛意識當中，那些她所期待的希望與智慧都離她遠去。

現在的她，只能**夠**把重心放在眼前可以得到的事情上面，除此之外再也沒有希望與未來。也因為所見的一切，都已經不平衡，她的生活中也跟著失去平衡，除了感嘆運氣不好外，她也只能說也許是自己想太多了。

參考關鍵字 ————————————————————————

沒有希望、不當的期望、偏物質的想法、運氣不好、不平衡的友誼或情感。

解牌 小練習	**工作·未來三個月工作狀況如何**？

工作·未來三個月工作狀況如何？

未來三個月工作在原本既定的目標上是容易有問題導致於你無法得到相對的目標達成，雖然在手中的工作還是可以有還不錯的表現與收穫，但長期的目標卻是因為方向錯誤而導致於許多的問題出現，整體的工作狀況就只能以努力完成現有的短期目標為主，雖然不到糟但也只能說勉強及格。

月亮

The Moon

對應占星｜雙魚座

雙魚座較容易有憂鬱的狀態，也容易往負面發展的情形。

元素系統｜水元素

正位圖像細節解析

- ♦ **月亮**：有弦月與滿月代表變化多端，也是一個難以捉摸的概念。
- ♦ **月亮中女子**：月亮女神阿提密斯，代表可以搞曖昧但是不婚。
- ♦ **眼睛深閉皺眉頭**：不安的情緒與不願意面對事情真相。
- ♦ **月亮的光芒**：配合上下方黃點的霧，顯示出許多虛幻不實的光芒，也表示有許多不真實的事情存在。
- ♦ **黃色點**：共十五個，對應到惡魔（15 號牌）的欲望特質，表示被自己的欲望所蒙蔽，產生看不清楚事實的真相。

- ♦ **陸地前後顏色不一**：後面較褐色的地方，是被霧遮住的地方。
  代表有許多事情看不清楚。
- ♦ **塔**：代表危機，但被霧隱藏起來了，也就表示有隱藏的危機或
  敵人。
- ♦ **左狗右狼**：狗代表馴化過的特質（經驗），狼代表原始的特質（欲
  望），這兩隻動物都對月亮咆哮，代表有警告危險的訊息。
- ♦ **螯蝦**：甲殼類動物遇到危險會退縮，代表不敢前進。
- ♦ **水**：潛意識，代表螯蝦退回潛意識不願意前進。
- ♦ **道路**：一個前進的方向，但一方面螯蝦退縮不敢前進，又被霧
  遮住，因此代表前途未卜。
- ♦ **背景**：藍色原本代表冷靜，但因為被霧包圍會變成無法動彈。

正位人格特質：陰暗不明的詭計者

正位圖像全面解析

在一個充滿大霧的夜晚，月亮在霧的後方，產生許多朦朧不確定
的光，這一切看起來都變得虛幻不實。因為有許多不確定的事
情，被隱藏在霧的後面，讓整個氛圍都變得相當的詭譎。連狼、
狗都對這樣的狀態產生警覺而咆哮。

雖然我們的意識層面想要往前進，卻被周遭的氣氛影響變成害
怕不安，甚至連前進的動力都消失了。接下來我們不知道會發
生什麼事？就只能在這不安的氣氛中擔憂。

參考關鍵字

害怕、孤單、有危險的、不婚、曖昧不明的狀況、騙局、隱藏
起來的敵人、出現幻覺、神祕的力量（不穩定的）。

愛情：他現在對我的感覺如何？

他現在對你的感覺其實滿模糊的，似乎有些不安，也有些不想要表達出來的情緒，而這些不安的情緒，大多會被歸類成為對你的不了解，或是你的一些行為讓他覺得不是很妥當，因此他有些欣賞你，但是還不到很喜歡的程度。

逆位圖像細節解析

◉ 切割上下重心在上

◆ **螯蝦**：不管如何還是得面對自己要前進的事。

◉ 萬有引力關鍵掉落

◆ **螯蝦**：往下掉也看似走在道路上，表示不得不面對未來。

◆ **狼與狗**：沒有咆哮代表危機消失，所有的恐懼跟著消失。

◆ **水**：水掉落後螯蝦無處可逃，就只能面對恐懼。

◉ 日出日落光明黑暗

◆ **月亮**：即將變成太陽，代表黑暗即將過去，新的未來即將到來。

◆ **霧**：因為月亮要變成太陽，因此霧會消失，代表那些迷惑之事都將被蒸發，也表示那些不確定的都明確化了。原本隱藏在霧後面的塔也出現了，代表那些隱藏起來的危險也被發現。

◉ 建築崩毀訊息消失

◆ **塔**：原本代表危險的塔在這裡消失了，就表示沒有危險。

逆位人格特質：突破黑暗的新生者

逆位圖像全面解析

月亮即將下降，太陽即將升起，那些原本迷惑我們的霧，也被

即將升起的太陽蒸發了。**躲**在霧後面原本模糊不清的事情都已經一一的呈現，那些讓我們害怕與恐懼的事情也都明朗化。

眼見光明即將來到，狼與狗也就不需要再咆哮警告。一切似乎即將走到全新的一頁，而原本內心害怕恐懼的螯蝦，現在也可以繼續往前進了，不管是自己願意或是被迫前進，至少已經不再退縮。

參考關鍵字

新的開始、識破詭計、黑暗即將過去但必須先勇敢面對現在、不被當前迷惑。

解牌
小練習

工作：未來三個月工作狀況如何？
未來三個月內你的工作將會有許多的麻煩存在，這些麻煩會讓你疲於奔命，但對你來說這也是不斷鍛鍊你的一個機會，相當大的機會可以看到你的努力將會慢慢的將這些問題逐漸處理掉，雖然還是很多辛苦面存在，但已經慢慢可以看到未來了。

No. 19

太陽

The Sun

對應占星｜太陽

太陽就是一個單純及直接的狀態，也是表面可以看到最單純的特質，一般在問你是什麼星座？指的就是你的太陽進入哪個星座。

元素系統｜火元素

正位圖像細節解析

- ◆ **太陽**：光明、照耀前方的路，也代表未來一片光明。
- ◆ **太陽光芒**：直線代表直接照耀，曲線代表照耀到直線照不到的地方。
- ◆ **光芒數字**：二十一道光芒代表大牌的數字學，也表示一切都是朝正向前進。
- ◆ **四朵向日葵**：四元素均向著小孩，也代表小孩的光芒大於太陽的光芒。

- ♦ **小孩雙手張開**：全然的接受接下來的一切。
- ♦ **手拿旗幟**：向前進的力量，也是宣揚一個勇往直前的意念，紅色代表熱情。
- ♦ **頭上羽毛**：火鳳凰羽毛，代表重生的力量，也是全新的想法。
- ♦ **白馬**：單純純潔的前進。
- ♦ **灰色牆**：已經被跨越，代表跨越舊有的一切前往全新的階段。

正位人格特質：光明向前的正念者

正位圖像全面解析

一個充滿全新活力的小孩，騎在一匹白馬上，他跨越了代表舊時代的牆，勇往直前，這也代表他現在對於未來將會是勇往直前的態度。

從向日葵是迎向他的角度來說，就算是太陽的活力都已經比不上他了，拿著大旗幟，似乎正在宣告現在就讓我們前進吧！而全身赤裸以及白馬，都顯示出他是很單純及清楚的往前進而沒有太多負面的想法。

參考關鍵字

友誼、愛情、光明正大面對、熱情、有希望、開朗、純潔、一段美好旅程開始、婚約的前端、訂婚。

<table>
<tr><td>解牌
小練習</td></tr>
</table>

工作：未來三個月該用什麼態度面對老闆才能讓我們關係變好？

未來三個月，建議你可以跟老闆之間有話就直說，直來直往不要耍任何的心機。與老闆之間，就是沒有任何祕密，並且讓老闆看到你開朗活潑的特質。在工作上，也是需要勇往直前，讓老闆看到你強烈進取的才華，這樣關係就會變好了。

逆位圖像細節解析

◉ 切割上下重心在上

♦ **白馬**：仍然純潔的訊息。

♦ **小孩**：單純的想法。

◉ 萬有引力關鍵掉落

♦ **旗幟**：原本向前的訊息消失，代表計畫取消了。

◉ 日出日落光明黑暗

♦ **太陽**：即將降落變成月亮，一些陰暗不明的狀況即將出現。

◉ 草木顛倒枯萎貧瘠

♦ **向日葵**：枯萎之後代表原本正向的狀態消失，也表示小孩子光明能量不強。

◉ 建築崩毀訊息消失

♦ **牆壁**：原本一個跨越的動作變成沒有跨越，表示沒有突破的階段。

每個物件變不好或消失，但剩下的都仍為正向的訊息，因此只是狀況沒有那麼好，但基本上仍是還算可以的狀況。

逆位人格特質：正常生活的一般人

逆位圖像全面解析 ——————————————

太陽即將下降，一些原本代表正面的訊息也逐漸凋零，不管是向日葵或是小孩子的羽毛都代表許多事情正往不好的地方前進。

但不管如何，還是有一些不錯的訊息存在，所以雖然事情有點不樂觀，但至少還是可以看到白馬或是小朋友的正向訊息，除非你看到了旗幟掉落，那麼就可以說是一件事被取消，否則整體來說也還算是正面喔。

參考關鍵字 ——————————————

一個計畫被取消、友誼存在、遲來的成功、仍有期待、未來值得擔憂、有些陰影即將到來。

解牌 小練習	**考試：明天考試的結果如何？**
	明天你的考試狀況雖然不是完美的，但至少該做的還是都有做完，基本的分數都有拿到，雖然不是最高分的人，但也是及格以上的狀況，所以只要繼續努力照目前的狀況去做，明天考試結果還不錯喔。

No. 20•

審判

Judgement

對應占星｜冥王星

冥王星代表一個結束的狀態並且往下一個階段前進的模式。

元素系統｜火水元素

正位圖像細節解析

◆ **天使**：大天使加百列，傳達訊息的天使，也是死亡天使。

◆ **紫紅色翅膀**：智慧與行動力均衡。

◆ **號角**：出征的意涵。

◆ **號角上旗幟**：代表業力平衡，也是中古世紀十字軍東征時的旗幟。

◆ **號角前七條線**：一說法為七音階，也是代表涵蓋所有一切的音韻，一說法為七原罪，將七原罪傳達出來並且為此而付出代價

（接受死亡）。

- ◆ **六個人**：代表亡者，並放在棺木當中，也表示接受了七原罪最後死亡。
- ◆ **左邊男生**：手收斂代表外在的不敢接受現實。
- ◆ **右邊女生**：手敞開代表內在接受所有的事實。
- ◆ **中間小孩**：接受業力平衡後的重生。
- ◆ **河流**：冥河，也代表一個結束的過程。

正位人格特質：面對業力的自省者

正位圖像全面解析

在棺木中的人們，代表將過去的一切放下，他們之前的人生旅程已經結束了。而現在由天使所帶來的訊息，告知他們準備起來接受最後的審判，這也代表要承擔自己過去所做的一切。

審判完接著準備往新的人生旅程前進，雖然過去一切已經結束，但唯有放下那些臭皮囊，才讓心自由，才可以往新的世界前進，目前看起來他們正是走在這條正確的路上。

參考關鍵字

面對贖罪、悔改、被祝福的新生、一段新的開始、面對死亡（心情的變化）。

**解牌
小練習**

愛情：他現在對我的感覺如何？

他現在對你的感覺正在改觀當中，過去可能有來自於他人或是他自己觀察的經驗，讓他對你的觀感是不好的。但目前這些狀況正在改善當中，似乎正在慢慢地往正向的方向前進，也表示他對你的好感，正在持續向上中。

逆位圖像細節解析

◉ 切割上下重心在上
◆ **死人**：只在乎那些該被結束該放下的事。

◉ 萬有引力關鍵掉落
◆ **死人**：從棺木掉出來，代表不願意面對那些該被結束的事。

◆ **棺木**：陪葬品掉出來，代表被盜墓，也是偷竊的意思。

◆ **冥河**：水掉落後代表無法進入到下一個階段，也表示不願意面對死亡這件事。

◆ **旗幟**：變成降旗，也是不再講求業力平衡。

◆ **天使**：變惡魔後，所謂的號角響起，即是鼓勵人們繼續墮落。

逆位人格特質：不願悔改的逃避者

逆位圖像全面解析

所有的人都不願意面對死亡，因此總是千方百計想要從死亡的墳墓中逃脫。墮落的天使吹響號角，並非是鼓勵人們重生，反而只是鼓勵人們繼續墮落、繼續留在所有的貪嗔癡當中。

當人們持續面對那些他們的欲望，卻忽略了其實他的肉體／外在已經死亡只剩內在不斷的糾葛。直到最後發現一切早已失去，

那時也許才能從失望中真實的知道一切已經無法重生了。

不受祝福的、無法重生、不能徹底面對過去的問題、失望的情緒、竊盜（精神與物質的）。

解牌
小練習

工作：未來三個月工作狀況如何？

未來三個月，你的工作將會有較大的機會陷入過去一些以為已經結束的專案問題中。這些問題重新的到來，讓你需要花更多的時間去處理，這樣不只是讓你無法去做現在手邊的工作，還會因此而更加心煩於那些早該放下的事情當中。

No. 21

世界

The World

對應占星｜土星

土星是磨難的象徵，代表是
一個辛苦的狀態，但突破之
後將會有好的成就出現。

元素系統｜土元素

正位圖像細節解析

- ◆ **四個角落動物**：如同命運之輪一樣的四元素，只是現在沒有讀
  書，這也代表已經進入完成階段，不需要再學習了。
- ◆ **桂冠**：代表榮耀的意思。
- ◆ **上下紅色緞帶**：無限標誌，與桂冠一起解讀代表無限的榮耀。
- ◆ **裸女**：其實是男女合體，代表經由長時間磨練得到最後完美的
  結果。
- ◆ **權杖**：兩隻權杖，印證這個人是男女合體的訊息，因為一個人

只會拿一根權杖,而這位主角卻是拿著兩根權杖,代表男女結合。

- ♦ **紫色絲綢**:像煙一樣的向上飄,也表示精神層面是存在的。
- ♦ **腳的姿勢**:也是成為 4 的數字,代表堅持到最後。

正位人格特質:苦難中茁壯的成功者

正位圖像全面解析 ─────────

一個國王失去了他的皇后,為了可以永遠在一起,而要求煉金術士將他們合為一體。過程當中相當的複雜及辛苦,但最後兩人終於在一縷輕煙中展現出合為一體的完美象徵。

榮耀的桂冠及四元素的完成,都說明了現在國土與皇后兩個人將可以永遠的在一起不再分離。也表示一件事情,經過辛苦的過程,終於達到令人滿意的結果。

參考關鍵字 ─────────

完美、一個旅程的終點、努力後的報酬、永恆的力量、昇華、一個成就的出現、兩情相悅。

解牌
小練習

愛情:他現在對我的感覺如何?

過去他對你的感覺,可能還在評估的階段,但在長時間的相處中,他逐漸對你產生好感,也因為這樣的好感,慢慢的產生讓他有想要與你再更進一步發展的想法出現。現在的他,已經對你越來越喜歡,甚至明確的想要在一起。

- ◉ **切割上下重心在上**
- ♦ **腳的姿勢**：變倒吊人，也表示被綁住無法成行，顯示失敗的狀況。

- ◉ **萬有引力關鍵掉落**
- ♦ **權杖**：掉落任一隻權杖，都讓原本完整結合的訊息變成不完美，無法掌控最後階段。
- ♦ **絲綢**：像煙一般往下降，代表較偏物質層面(但仍有精神存在)。桂冠與無限標誌、四元素在逆位仍為正常狀況，故仍為完美狀態，頂多只有人顛倒過來代表不夠完美。

逆位人格特質：經歷苦難的成功者

逆位圖像全面解析 ───────────────────

雖然現在人顛倒過來了，看起來不像正位那麼完美，但至少四元素該學習該努力的都學完了。榮耀的桂冠仍是存在，一切仍是好的訊息。雖然絲綢往下飄就像精神比較落地的務實面，但他仍是像煙一樣的精神層次，除非手中權杖掉落，讓原本美好的結合變成失敗的模式，否則世界的逆位仍是帶有很好的成功結果。

參考關鍵字 ───────────────────

不夠完美(但仍有完成的訊息)、失望的訊息、沒有達成的狀態、精神層次不夠高。

工作：未來三個月工作狀況如何？

未來的三個月內，你的工作狀況將會需要付出相當多的努力，雖然結果不會如同預期般的完美。但至少這還是一個很不錯的成就，只要不是太過吹毛求疵的態度，你會發現，其實未來三個月的表現還是相當的好，也許有些小專案被取消，但大部分的工作都還是可以被完成。

22-
小牌

比較偏向物質層面，
分成四個元素，
代表在西方世界所有一切的物質

小牌系統介紹：

在西方世界中，將整個世界的設定由四大元素來構成，因此在大牌整個精神層面的理解後，小牌就是進入到物質的世界，所以每張牌都會有他的數字概念存在，不用死背，以理解的方式去了解就好。

♣**火元素**：牌當中以權杖展現，代表行動力與方向，也是跟活力有關的狀態。

♣**風元素**：牌當中以寶劍展現，代表智慧與想法，也是思考邏輯的特質。

♣**水元素**：牌當中以聖杯展現，代表情感與感受力，也是跟內在潛意識有關。

♣**土元素**：牌當中以金幣展現，代表務實與物質的世界，也是持續力的特質。

不同元素間的數字當中有其共通的概念，這會與生命靈數有部分訊息相似。

♣**數字一**：全新的開始，從無到有。

♣**數字二**：兩股勢力的關係變化。

♣**數字三**：團隊的交流與共識。

♣**數字四**：穩定的特質，基礎的狀態。

♣**數字五**：不同想法產生衝突與混亂。

♣**數字六**：單方付出或是分享的狀態（外在的付出）。

♣**數字七**：思索，以及為夢想前進（內在的選擇）。

❖數字八：重新評估與思考抉擇。

❖數字九：努力後的成果展現。

❖數字十：完美的結束，準備下階段。

在十個數字後還會有宮廷牌，這是指向在一個宮殿當中有四個階級，而這四個階級在其位階上及配合元素上會產生許多有趣的人格特質，在解析的時候重心是要去思考這個位階的這個人他有怎麼樣的個性與行為模式，只要能了解這個，解析牌義就會簡單許多。

❖侍者特質：年輕的、剛開始、不穩定的、基礎。

❖騎士特質：成長的、前進動力、中階段。

❖皇后特質：成熟的、母愛型、女性特質、慈愛型。

❖國王特質：成熟的、父愛型、男性特質、穩重型。

至於在解牌上將會開始進入小牌陣的使用技巧，為求使用更加順手將會在 78 張牌義學完之後一起與大家討論解牌技巧。

聖杯一

Ace of Cups

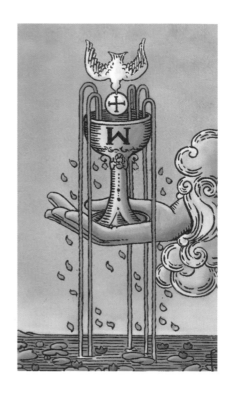

正位圖像細節解析

- ◆ **白鴿**：純潔的聖靈，代表一個來自於上天的使者（天使）。
- ◆ **圓餅**：聖體（耶穌），也就是禮物。
- ◆ **雲中伸出的手**：用捧的方式為呵護型的，代表十分呵護這一個感受。
- ◆ **顛倒 M**：womb（子宮）以及 Maria（抹大拉的瑪利亞），代表陰性的能量，也是一個承接情感的容器。
- ◆ **鈴鐺**：注重細小的感覺。

- ◆ **五條水柱**：五種感覺滿溢出來。
- ◆ **湖泊**：睡蓮原本平靜的情緒，受到水流的影響產生情感的波動。
- ◆ **26 個水滴**：代表 22 張大牌與 4 元素都是滿滿的情感。
- ◆ **對應希臘諸神**：美神阿芙蘿黛蒂。

正位特質：豐盛情感的感受

正位圖像全面解析

一隻十分重視情感的手，捧著代表承接情感的杯子。杯子本來就是滿溢的水，這時有個外來的禮物到來，讓原本就滿滿的情感在這時因為這個人事物而感受到豐盛的情感。五感的情緒滿溢出來，降落在自己原本平靜的心中，讓心因此活躍了起來，看來這是一個很美好的感覺，也是一個全新的美好感受。

參考關鍵字

注重感情、情感豐盛、一個感受。

逆位圖像細節解析

- ◉ **切割上下重心在上**
- ◆ **湖泊**：重視自己的情感，但水往下掉就成了情感流失。
- ◉ **萬有引力關鍵掉落**
- ◆ **湖泊**：水掉落代表情感流失。
- ◆ **聖杯**：掉落後代表不願意去承接任何物品，代表不注重情感。
- ◆ **聖體**：白鴿銜接後又掉下去，不讓任何物品進入心中。
- ◆ **水滴**：無法進入情感中，失去情感的流入。

逆位特質：不再重視感受面

逆位圖像全面解析 ───────────────

這隻手往下，讓手中的杯子掉落，代表他不願意再用杯子去承接任何的情感。就算鴿子銜再多的人事物來到，都會因為他不願意接受而流失，這就像是心已經不願意再接受任何情感的行為，既然不願意再注重，自然就沒有太多的情感與感受面。

參考關鍵字 ───────────────

情感的流失、不注重感受、失去目前擁有的、期望落空。

聖杯二

Two of Cups

正位圖像細節解析

以下四個元素統合一起看代表所有的都一應俱全

♦ **獅子頭**：火元素 - 前進及表達自我的力量。

♦ **翅膀**：風元素 - 思考與智慧。

♦ **蛇與權杖**：土元素 - 也是賀密斯權杖，代表療癒的力量。

♦ **聖杯**：水元素 - 情感的流通。

♦ **男生**：頭上紅玫瑰代表熱情、主動的想法，身上黃色底衣服代表
   對未來有所期待，而黑色花朵代表還未完成，紅色渲染則是為了

理想願意努力付出，身體往前傾、手往前拿取女生的杯子代表交換彼此之間的情感。

- **女生**：頭上榮耀桂冠代表很重視榮耀，身上藍色衣服代表冷靜的面對，但紅色的鞋子代表其實她還是願意前進的，只是會比較含蓄。

- **遠方房子**：穩固的基礎，也表示兩人之間的關係可以是穩定的。

正位特質：美好的情感交流

正位圖像全面解析

一對情侶將彼此手中的聖杯（情感）進行交換的動作，這也表示他們現在情感交流是十分良好的。雖然以動作上來說，男生的肢體動作較有前進的行為，但實際上從女生紅色的鞋子來看，女生也是願意向前的。只是在動作上比較含蓄一點，兩人的交流是互相的也是開心的，因為四元素全部都已經具備完成，他們正準備享受美好的一切。

參考關鍵字

一段戀情、一個合作的象徵、情感交融、平等的對待。

逆位圖像細節解析

- ◉ **切割上下重心在上**
- ◆ **四元素在下**：具備一事已變成不重要，兩人之間的關係已經不完美。
- ◆ **兩人的腳**：男生的腳仍是往前走，但女生的鞋子顏色已經消失

代表兩人之間關係不平等。

◉ **萬有引力關鍵掉落**

♦ **聖杯的水**：倒落，雖然仍有交流的動作，但當中已無情感存在。

♦ **花冠掉落**：不熱情也不榮耀，表示兩人間的都沒有想法。

◉ **建築崩毀訊息消失**

♦ **房子**：崩解後代表關係已經分裂或是被破壞。

逆位特質：失去平衡的交流

逆位圖像全面解析 ——————————

現在兩個人之間雖然還是有交換聖杯，但卻是沒有情感存在。對於交流既然沒有情感，也就代表關係並不融洽，也許是只有一方有行動，而另一方沒有行動？或是其實他們之間，根本不注重相處的模式，兩人之間的關係，已經只剩表面的交流，而沒有真實的情感，就像崩解的房子一般隨時都會毀壞。

參考關鍵字 ——————————

一段不平等的對待、失去現有的、外遇的可能、分手、吵架。

聖杯三

Three of Cups

正位圖像細節解析

- ♦ **聖杯高舉**：一件事情大家有了共識,舉杯慶祝。
- ♦ **衣服**：三種不同顏色衣服,代表這原本並非是同一個團隊,但現在在一起共事。
- ♦ **手握葡萄**：豐收,也代表一件事有了成果。
- ♦ **地上果實**：豐收,過去的努力有了收穫。
- ♦ **跳舞**：三個人之間的關係融洽,似乎在愉悅的享受這一切。

正位特質：歡慶鼓舞的豐收

正位圖像全面解析

這三個人從她們身上的穿著看起來，應該是來自於不同的地方。他們有共識的一起努力去耕耘，而如今地上已經收穫滿滿，甚至可以摘下甜美的果實，這一切是如此的美好，因此他們高舉酒杯來慶祝這個豐盛的收成，也慶祝他們一起努力的成就。但我們不確定背對我們的是男生還是女生，如果是男生，那麼也許有暗喻著一個男生與兩個女生快樂的互動。

參考關鍵字

歡愉的、達成共識、一場宴會、第三者（隱含，訊息不強）。

逆位圖像細節解析

◉ **切割上下重心在上**
♦ **果實在上**：代表只重視利益或物質的層面。
♦ **紅衣人腳的方向**：有先向一方向前進突然轉彎的狀態，代表變心的情況。

◉ **萬有引力關鍵掉落**
♦ **果實掉落**：代表玩過頭，讓果實掉了，也表示過度享樂失去擁有的。
♦ **聖杯內的水**：掉落，代表三人間的互動是沒有情感的，只是物質交流。
♦ **任何一人掉落**：都代表原本關係破裂。

◉ **草木顛倒枯萎貧瘠**
♦ **果實**：枯萎代表失去原本預期的收穫，因此而痛苦。

逆位特質：失去擁有的悲哀

逆位圖像全面解析

這三個人認為現在是豐收的時刻，他們想要開心的享受一切，卻沒注意到該收成的時間。結果因為忽略，導致於瓜果通通枯萎掉落。

杯中的水掉落，也表示彼此之間變成不再有情感交流。原本可以盡情享受的盛宴，也就成了彼此不愉快的爭論。甚至因為彼此沒有情感，紅色衣服的人，他的腳步讓我們懷疑他只是想要在兩人之間周旋，看看是否有好處可拿。也許最後其中一個人會因為傷心、難過而離開，讓這個原本平衡的關係出現裂痕。

參考關鍵字

第三者的破壞、不愉快的相處、各懷鬼胎、自私的想法、背叛、樂極生悲、失去享樂後的苦痛。

聖杯四

Four of Cups

正位圖像細節解析

- ♦ **樹木**：可依靠的地方，代表現在正在休息。
- ♦ **雲中的手**：外來的誘惑，一些不明確或虛幻的引誘。
- ♦ **地上三個聖杯**：現有的，原有的。
- ♦ **人坐在地上雙手交叉**：並沒有打開心胸接受任何一件事。
- ♦ **人雙腳盤腿**：沒有行動力。
- ♦ **衣服**：紅色行動力外用黃色作一個區隔，代表行動力是保留的。
- ♦ **眼睛**：閉起來有思考或是在睡覺作夢的可能。

正位特質：思考誘惑的挑戰

正位圖像全面解析

這個旅人現在正靠在樹旁休息中，他把他原有的聖杯放在草地上。在休息的時候，不知道是因為做夢了還是真的從雲中伸出一隻手，這隻手上面拿著一個聖杯，似乎是要給予這個旅人一個新的感受。然而對於旅人來說，如果他接受了這個新的事物，他就得把舊的放在原地，這樣需要抉擇的事情，他現在還沒決定，正在猶豫當中。

參考關鍵字

面對誘惑（思考中）、外來的誘惑、第三者的出現、冷淡的面對事情（有抑制的狀況）、白日夢。

逆位圖像細節解析

◉ **切割上下重心在上**
◆ **三個聖杯**：以舊有的為主，不願意接受外來的誘惑。

◉ **萬有引力關鍵掉落**
◆ **人的坐姿**：沒辦法再盤腿，代表必須前進。
◆ **原本三個聖杯**：掉落則是選擇新的誘惑而放棄舊有的。
◆ **雲朵**：消失也表示聖杯消失，代表外在誘惑消失，也可說夢醒了。

◉ **草木顛倒枯萎貧瘠**
◆ **樹木**：枯萎無法再依靠休息，只能向前進。

◉ **顏色壓制逆位展現**
◆ **黃色衣服壓制掉落**：紅色展現行動力，代表前進不猶豫。

逆位特質：接受選擇的決定

逆位圖像全面解析

原本可以倚靠休息的樹木枯萎了，現在旅人必須起身向前。這時他就只能從現有的三個聖杯以及外來的一個聖杯中選擇一組帶走，不管是要選擇哪一組，他都必須要放下另一組，當然如果他原本只是作夢，那麼現在也得前進了，夢也就醒了。

參考關鍵字

不猶豫的行動、沒有外來的誘惑、拒絕邀請（誘惑）、接受外來的誘惑而放棄就有的生活、夢境清醒。

聖杯五

Five of Cups

正位圖像細節解析

- ◆ **黑衣服**：黑色代表壓力相當的大。
- ◆ **低頭向下**：看到翻覆的聖杯，代表重視那些失去的。
- ◆ **杯中水**：多種顏色表示失去各式的期待。
- ◆ **河流與房子**：想回家卻只看到被河流隔絕的狀態。
- ◆ **背後兩個聖杯**：仍存在的、擁有的。
- ◆ **橋**：可藉由過橋回家。

正位特質：在乎失去的懊悔

正位圖像全面解析

這個人眼前的三個杯子倒掉了，那些他所期待的事情也就失去了。他把重心都放在那些失去的事情上面，看起來他顯得憂心重重，但卻忽略了其實他身後還有兩個完好如初的聖杯。

就像是他想要回到眼前的家，卻只看到河流的阻隔，讓他無法回家而忽略了。其實轉個角度去看，就可以看到有座橋，可以協助他回到溫暖的家。

參考關鍵字

悲傷的感覺、失去的懊悔、注視失去卻忽略擁有。

逆位圖像細節解析

◉ **切割上下重心在上**
五個杯子都倒掉，變成更嚴重，也更加強失敗的狀況。

◉ **萬有引力關鍵掉落**
原本好的聖杯也掉落，表示錯誤的在乎，導致更嚴重的狀態出現。

◉ **建築崩毀訊息消失**
◆ **橋與房子**：因為沒用正確的方法導致於橋毀了、房子也毀了，就變成無法再回到家。

逆位特質：失去一切的悔恨

逆位圖像全面解析 ————————————————————

這個人因為把重心都放在失去的三個杯子上，這樣的想法，導致他忽略了身後的兩個杯子。而後面兩個杯子，也因此就出現了意外導致傾倒。對於這種因為放錯重點，導致事情會變成更加嚴重的狀況，讓這個人心情變更沉重。

參考關鍵字 ——————————————————————————

錯誤的想法(將導致更糟的情形)、更加強懊悔的解釋部分。

聖杯六

Six of Cups

正位圖像細節解析

- ♦ **城堡**：一個受守護的地方，也是小時候被家庭呵護的象徵。
- ♦ **聖杯有花**：純潔的百合，表示這個情感是無私付出而非有目的的。
- ♦ **黃色土地**：一個讓人感覺充滿喜悅的地方。
- ♦ **小男生**：從上而下給予聖杯，代表無私的付出。
- ♦ **小女生**：從下而上準備接受聖杯，代表兩人關係相當良好。
- ♦ **手持矛的衛兵**：守護這段記憶中的美好回憶。

正位特質：美好的童年回憶

正位圖像全面解析

長大成人的我們，就像是那位手持矛的衛兵一樣，在我們的回憶深處都有小時候許多美好的記憶。而在這些美好的記憶裡，有許多無私的付出與接受，那都是我們長大後所沒有的美好感受。我們小心翼翼的守護這樣的一個感受，希望不要被長大後的環境給汙染了，這樣每當在我們辛苦時，就可以偶爾回到這樣美好的日子裡陶醉一下。

參考關鍵字

美好的回憶、活在過去、一個無暇的付出、童年、家鄉的回憶。

逆位圖像細節解析

- ◉ **切割上下重心在上**
- ◆ **小女生**：在上，變成小男生從小女生手中搶奪走聖杯。
- ◉ **萬有引力關鍵掉落**
- ◆ **純白的百合掉落**：表示兩人之間的互動不再純潔、單純。
- ◆ **守衛掉落**：也表示無法再守住過去美好的回憶。
- ◉ **建築崩毀訊息消失**
- ◆ **城堡摧毀**：舊有回憶消失，以及不再有守護的訊息。

逆位特質：痛苦不堪的回憶

逆位圖像全面解析

那些過去小時候被搶奪、被欺負的回憶開始浮現出來，這樣的記憶，會讓我感覺到相當的痛苦。隔壁的大哥哥，故意從我的手中搶走我心愛的杯子，這都是我痛苦的回憶。原本想要小心翼翼守護的記憶，也因為這些負面記憶突然的浮現變成了不想再想起，現在的我，只好努力離開這個記憶的深處，重新回到大人世界努力向前吧。

參考關鍵字

不好的回憶、痛苦的感受、有目的的互動、不再回顧過去。

聖杯七

Seven of Cups

正位圖像細節解析

- ♦ **霧**：有許多不確定的狀態，也是隱藏聖杯讓主角看不到的狀況。
- ♦ **聖杯內東西**：有好有壞，因為被霧遮住因此代表無法確定選擇。
- ♦ **人**：黑色背影代表壓力很大，有恐懼與不安的情緒。

- ● **補充資料**
- ♦ **上左一**：人頭 - 聲望。
- ♦ **上左二**：紅色光 - 靈性。
- ♦ **上左三**：蛇 - 邪惡。

- ♦ **下左一**：房子 - 土地。
- ♦ **下左二**：珠寶 - 財富。
- ♦ **下左三**：桂冠 - 榮耀（請仔細看杯子有骷髏頭代表有了榮耀也可能為你帶來死亡）。
- ♦ **下左四**：怪獸 - 恐懼。

正位特質：必須選擇的未知恐懼

正位圖像全面解析

現在眼前有很大的霧，這些霧遮蔽了眼前所有的一切。我們必須要在這完全不確定的狀況下，選擇一個我們該選擇的杯子（道路）。但因為不確定哪一條路是對的，因此我們充滿了恐懼與不安，而且就算當下選對了，也不知道日後是否永遠是正確的。所以太多的不確定讓我們無法選擇，也害怕去面對。

參考關鍵字

不確定的未來、恐懼、必須做抉擇、害怕決定、一個夢境。

逆位圖像細節解析

- ◉ **切割上下重心在上**
- ♦ **人的背影**：現在更重視選擇問題所以壓力變更大了，一個更喘不過氣的狀況。
- ◉ **萬有引力關鍵掉落**
- ♦ **聖杯內容物**：全部掉落霧外，變成都可以選擇，但也好壞參半。可以選擇想要拿取的物品，但也有可能在拿取的過程中出現禍

福相伴的情況。

♦ **人**：掉下去等於掉進了雲霧裡面，變成整個人混在裡面，變成一切都失控了。

逆位特質：面對可以選擇的壓力

逆位圖像全面解析 ────────────────

因為地心引力，讓我們掉入了這五里霧中，現在所有的一切，都更加的混亂，導致我們更不清楚，接下來到底該怎麼去面對這些必須要選擇的事。就算進入霧中，可以看到部分的清楚資訊，但還有太多不確定的事情混淆在其中，也許選擇了一個自認為可行的路，卻還會相伴其他有問題的狀況出現，這樣的恐懼不安，更讓我們感到害怕。

參考關鍵字 ────────────────

可自我決定、需要勇氣去面對、無法控制的情形、混亂狀態。

聖杯八

Eight of Cups

正位圖像細節解析

- ◆ **月亮**：月圓盈缺代表許多的變化及不確定的狀況。
- ◆ **紅衣人**：轉身離開代表對於現在的狀況不滿，一是去找尋缺少的聖杯，另一個是因為不完美而決定放棄現有找尋新的方向。
- ◆ **爛泥巴**：內心情感感到不舒服，一個心情堵塞的狀況。
- ◆ **聖杯**：中間少了一個聖杯，代表不完美，也因此造成了紅衣人的離開。
- ◆ **綠色山**：一個未知的地方，但綠色也是一個可以成長的機會。

正位特質：找尋關鍵的缺憾

正位圖像全面解析 ————————————————

這個人很努力的把手中的杯子堆疊起來，卻發現當中有個缺口。這樣的缺憾，對他來說是個很不完美的狀態，他的心為此感到不舒服。他轉身離開往遠方前進，也許是要去找尋那個缺少的聖杯，或是他覺得這樣不夠完美，所以寧可放棄這些，想要找尋新的未來重新開始。但不管是哪個選擇，他現在心情都不會太好，畢竟之前已經花了不少時間，而且未來是否能找到聖杯或是新的未來都有很多的不確定。

參考關鍵字 ————————————————

離開、不願面對現實、拋棄現有轉而找尋缺憾，不確定的未來。

逆位圖像細節解析 ————————————————

◉ 切割上下重心在上
- ◆ **聖杯**：仍以舊有的聖杯為主，呈現安於現狀的情形。
- ◆ **爛泥巴**：更在乎心中堵塞的那塊，就沒辦法走出現狀。

◉ 萬有引力關鍵掉落
- ◆ **聖杯**：掉落了，就表示之前努力堆砌起來的全部白費了。
- ◆ **紅衣人**：掉落也表示離開舊有的聖杯往新的方向前進。

◉ 日出日落光明黑暗
- ◆ **月亮**：下降後太陽即將升起，也表示新的機會到來。

逆位特質：放下遺憾找尋新生

逆位圖像全面解析

1、在**轉身離開時**，還是捨不得現有的聖杯，在心中還是覺得他就是自己最重要的一切，因此最後還是決定留下來，不再離開守住舊有的幸福。

2、那些舊有的聖杯都掉了，對於那些失去的也無法再挽回，現在也只能勇往直前離開這舊有的傷心處往前進，相信當月亮下降後，新的幸福就會像太陽一樣旭日東昇的到來。

參考關鍵字

安於現狀、之前的辛苦白費、新的幸福。

聖
杯

聖杯九

Nine of Cups

正位圖像細節解析

◆ **藍色架子**：冷靜的狀態，或可以指向是過去已經完成的事。

◆ **聖杯**：放在架子上可解釋為一、已放置上的獎盃（指向達成成就），二、一群冷靜並對主角有情感的人正給予許多意見，三、一堆已經被放置一陣子等待客人來的酒。

◆ **紅色帽子**：腦筋運轉的很好。

◆ **雙手交叉於胸前**：有自信的面對。

◆ **木頭椅**：有自己的想法，有自信的特質（比石椅的固執好一

點）。

- ♦ **白衣**：單純的看待這件事。
- ♦ **黃色背景**：豐盛、喜悅的狀態。
- ♦ **腳**：紅襪子代表行動力，咖啡色鞋子代表落實的執行。

正位特質：充分的展現成就

正位圖像全面解析

這個人現在非常有自信的坐在椅子上，他雙手交叉於胸前，表示他現在所有一切都是在他計畫當中。而後面的聖杯，不管是像獎盃一樣的高掛在上，或是像是一杯杯放好等待客人來的酒，或像是每個對他充滿在乎情感的職員，這些都是他可以完整掌控的狀態，因此他現在正在享受這每一種可能，可以說是愉悅在其中。

參考關鍵字

建議、會議、需要被討論的事、享受盛宴、夢想成真(小型的)。

逆位圖像細節解析

◉ 切割上下重心在上
- ♦ **聖杯**：不再重要，也表示不再理會那些建議。
- ♦ **木椅**：很有自信，也表示不再去在乎他人的建議與想法。

◉ 萬有引力關鍵掉落
- ♦ **聖杯**：掉落後願望就失去了，酒杯消失宴會也無法再繼續。
- ♦ **帽子**：腦子無法再思考，也無法展現自己的智慧。

♦ **藍色布幔掉落**：連聖杯一起掉落，表示眾人的情感失去冷靜，開始質疑主角能力。

◉ **建築崩毀訊息消失**
♦ **椅子崩解**：不再有自信面對他人的訊息。

逆位特質：失去所期待的遺憾

逆位圖像全面解析 ──────────────────

杯子都倒了，現在這個人面對的都是失去的狀態。不管是失去人心或是失去那些曾經以為可以掌握的夢想，這一刻都已經失去，只留下他無法可想，一個人孤單的面對這些破碎的一切。就算是想宴客，也因為酒杯全倒而再也無法享樂。

參考關鍵字 ──────────────────

失去現有的、被質疑、無法享樂、期望落空、無法可想。

聖杯十

Ten of Cups

正位圖像細節解析

- ◆ **彩虹**：幸福美滿的象徵。
- ◆ **聖杯**：在彩虹中，也代表這些幸福美滿的象徵充滿了情感的流通。
- ◆ **夫妻**：雙手張開，代表打開心胸接納一切，摟腰代表同心協力。
- ◆ **小孩**：雙手互牽跳舞，代表喜悅的互動。
- ◆ **房子**：穩定的家庭，也可以說是穩定的關係。
- ◆ **河流**：情感的流通。

♦ **樹木**：持續滋養成長的情感。

正位特質：家庭和樂的美好

正位圖像全面解析

這是一個美好的家庭，夫妻和樂融融的享受這美好的彩虹，旁邊的小孩也快樂的跳舞著，這是多麼令人羨慕的場景，感覺大家都在團隊裡愉快的相處，代表穩定的家也就在前方，而潔白的河流正流經每個人的身邊，代表這個家庭是穩固且有情感流通的象徵。

參考關鍵字

家庭、幸福歡愉的、團體互助生活、滿足的感覺。

逆位圖像細節解析

◉ **切割上下重心在上**
♦ **人群**：仍是相互擁抱在一起，故仍有幸福感。
♦ **彩虹與聖杯在下方**：人們不再那麼在乎這些美好的事物。

◉ **萬有引力關鍵掉落**
♦ **人**：任何一個人掉落就代表團隊分裂。
♦ **河流的水流失**：情感流失，代表關係不好沒有放感情在其中。

◉ **草木顛倒枯萎貧瘠**
♦ **樹木**：沒有辦法持續成長，情感停滯於當下（負面）。

◉ **建築崩毀訊息消失**
♦ **房子**：家庭出現破裂狀態，或是分離。

逆位特質：內外失衡的關係

逆位圖像全面解析 ————————————————————

雖然每個人都還是很在乎這個家庭，但代表情感流通的水已經流失。

表面上大家仍是快樂的相處，但內心開始出現一些不滿足的心情。也許是不再去看待那些令他們感到幸福美滿的彩虹，又或是原本代表穩固的家庭房子崩解，這個家似乎已經開始出現了問題，內心似乎沒有表面上那麼快樂。

參考關鍵字 ————————————————————

仍有幸福但較弱、家庭不和、既有團體出現破裂、不滿足目前的快樂。

權杖一

Ace of Wands

正位圖像細節解析

- ♦ **雲中伸出的手**：全新的開始，用握的代表掌控的意思。
- ♦ **八片掉下來的葉子**：8代表力量牌，這邊被切割成為兩邊，代表溫柔的力量被破壞改為強硬的力量（4號為皇帝牌）。
- ♦ **城堡**：成功的象徵。
- ♦ **樹木與河流**：一個持續成長的狀態。
- ♦ **黃色背景**：豐盛收穫，也代表可以掌控得到豐盛的一切。
- ♦ **對應希臘諸神**：雷神宙斯。

正位特質：掌控一切的優勢

正位圖像全面解析

從雲裡伸出的手掌，握住代表行動力的權杖，這也表示他掌控所有的行動力與方向。強而有力的握住，讓權杖上面的葉子都掉下來了。而遠方的城堡，則是代表他所要前進的方向與目標，一切都在掌控中，背景的黃昏，也代表這一切都是往豐盛的方向前進。

參考關鍵字

權力、掌控、有力量的、能決定事情、一個新的方向出現。

逆位圖像細節解析

- ◉ **切割上下重心在上**
- ◆ **城堡**：配合上權杖掉落沒有行動力卻仍想要擁有城堡（成功），代表不擇手段。
- ◉ **萬有引力關鍵掉落**
- ◆ **權杖**：失去行動力、方向。
- ◆ **葉子**：8片葉子掉落無法落到大地上，代表不管是溫柔的或是強硬的都無法落實，也表示無法成功執行。
- ◉ **草木顛倒枯萎貧瘠**
- ◆ **樹木與河流**：河流失去水，樹木枯萎代表沒有前進的力量。
- ◉ **建築崩毀訊息消失**
- ◆ **城堡**：失去成功的象徵。

逆位特質：失去掌控的後果

逆位圖像全面解析

現在手中的權杖滑落了，這也表示已經無力再掌控行動力、也找不到方向，如果你覺得城堡也崩解了，那就代表你所想要努力的方向已經毀壞，事情也就無法成功。如果城堡仍在，但你又沒有行動力與方向，那則是代表你只想成功而不想做事，自然會有一些不擇手段的計謀。

參考關鍵字

失敗的可能性大、無法掌控情形、失去行動力、沒有方向。

權杖二

Two of Wands

正位圖像細節解析

- ♦ **左邊權杖**：被握著，代表掌控這個方向與行動力。
- ♦ **右邊權杖**：鑲在城堡上，代表目前已成的方向。
- ♦ **紅帽**：腦筋很好，懂得運籌帷幄。
- ♦ **地球**：物質世界，或泛指已經被掌控的一切。
- ♦ **衣服**：紅色代表行動力，也表示這位城主是有行動力往前的，但內裡為綠色，表示他還在思考到底該往哪走。
- ♦ **城垛**：站在上面代表已經擁有這個城堡，也是成功的象徵。

- ◆ **玫瑰與百合交集**：正在嘗試將熱情與純潔平衡中，也表示在思考中。
- ◆ **遠方土地**：包含房子，都代表擁有的一切。
- ◆ **黃色背景**：表示目前已經有豐盛收穫。

正位特質：擁有後思索下一步

正位圖像全面解析

這個城堡的主人現在站在他的城堡上面俯瞰他所有的一切，目前的他已經擁有了城堡與周邊的土地，不過他仍在思考接下來應該是要往哪個方向走，也許是該再往前拓展領土？

或是安逸的留在這裡好好地耕耘？不管如何他現在都在思考當中，對他來說他希望謹慎面對接下來的每一步。

參考關鍵字

思考、一個決定、遠瞻、已擁有（成功）但仍想著下一步。

逆位圖像細節解析

◉ **切割上下重心在上**
- ◆ **城堡**：以現有的城堡為主，不願意再突破前進。
- ◆ **玫瑰與百合交集**：太重視如何平衡這兩者，造成矛盾而無法行動。
- ◆ **手握權杖**：抓住行動力。

◉ **萬有引力關鍵掉落**

- ◆ **手握的權杖掉落**：沒有掌控行動力，無法前進。
- ◆ **地球掉落**：失去目前所擁有的。
- ◆ **帽子掉落**：不再思索，或是無法思索。

- ◉ **建築崩毀訊息消失**
- ◆ **城堡**：失去目前所擁有的。
- ◆ **土地上的房子**：失去目前所擁有的。
- ◆ **玫瑰與百合**：不再糾葛於平衡問題，放下思索。

逆位特質：不再思索開始行動

逆位圖像全面解析

現在這個城主面臨到兩個可能的變化，第一個就是他手中的權杖掉落了，而且代表思索的帽子也掉落，這讓我們的城主不知道該如何去思索接下來該如何進行，他乾脆就不要動了，整個人縮在自己的城堡中就好。

而第二種可能則是一樣帽子掉了，但他死抓住權杖，那就是不再思考勇往直前了，但不管如何他的城堡或擁有物似乎都被摧毀了，因此這張牌會強調失去擁有的，再連接往前衝或是停滯。

參考關鍵字

失去所擁有的、過度思索無法行動、懦弱不願意思索、停止思考開始行動。

權杖三

Tree of Wands

正位圖像細節解析

- ♦ **三根權杖**：插在土裡並非被鎖住，表示可以隨時更換，也表示可以靈活運用與抉擇方向與行動力。
- ♦ **頭上止汗帶**：主角正在運籌帷幄中，也表示正在進行一個行動。
- ♦ **紅衣**：代表很有行動力。
- ♦ **綠圍巾**：行動力並非是莽撞的，是有保持距離並且小心操作的。
- ♦ **藍色內裡**：冷靜的態度去選擇每一個方向。
- ♦ **山丘**：居高臨下，讓這個規劃與運作是有利於操作的行為。

- **船**：也表示正在進行一個貿易。由於是往同一個方向，因此可以解釋為團隊合作，也因為貿易，所以可以說是遠距離的行為。
- **黃色背景**：代表豐盛的收穫。

正位特質：專注操控運籌帷幄

正位圖像全面解析

這個商人現在站在山丘上方，仔細觀看在河流上往前運行的貿易商隊，他正在遠距離的思考，該怎麼控制這些商隊的方向與目的，才可以讓他得到最大的獲利。

他已經做得很好，也已經有收穫，不過他並沒有因此而休息，他仍是小心翼翼地去運作每個貿易的行為，在每個小心思考後所運行的操控，都可預期會有更加豐盛的未來。

參考關鍵字

深思熟慮、新的領導契機、遠行、遠距離戀情、貿易、旅行。

逆位圖像細節解析

◉ **切割上下重心在上**
- **權杖與船**：每艘船都被代表行動力的權杖所分割，成為各有各的方向，因此可以說到團隊關係出問題。
- **河流與船**：水在船的上方變成商船淹沒，表示這件事情是失敗的。

◉ 萬有引力關鍵掉落

♦ **權杖**：掉落代表無法完全掌控方向，一則代表失去完整掌控的能力，另一則是失去動力與方向，讓許多事情變得較為緩慢前進。

♦ **止汗帶**：不再努力操作所以不需要止汗帶，也是停止運作的狀態。

逆位特質：失去掌控後的失敗

逆位圖像全面解析 ——————————————————

現在水在商船的上面，也代表商船被淹沒了，一個旅程或商業的失敗當中當然有很多原因。也許是這個操控者本身的操控能力不好，又也許是每一艘船都有各自的方向，所以讓整個營運方向不明確。

但整體來說，這個運作前進的方向是失敗的，也代表之前許多的努力都白費了。

參考關鍵字 ——————————————————

不好的合作關係、失去掌控先機、貿易失敗、期待答案會較晚到。

權杖四

Four of Wands

正位圖像細節解析

- ♦ **四根權杖**：代表穩固的意思，也表示這件事是穩定的。
- ♦ **權杖上方花果叢**：象徵豐收及享樂的狀態。
- ♦ **中間兩人**：歡慶鼓舞的狀態，高舉花也代表正在慶祝一件事。
- ♦ **左方一群人**：歡慶、享樂與互動，代表這件事是值得慶祝的。
- ♦ **右邊橋墩**：溝通、傳達，也表示這件事的溝通狀態是順暢的。
- ♦ **橋墩下草叢**：溝通的狀況是持續成長的。
- ♦ **城堡**：穩定並且受到保護的狀態，也加強了這件事是穩定的特質。

♦ **黃色背景**：豐收的訊息，代表一切都是喜悅豐收的狀態。

正位特質：歡慶豐收的慶典

正位圖像全面解析

架起來的權杖上方掛了許多的豐收果實，就像是一個正在舉行的美好慶典。當中這兩個人也高舉花朵，代表正在慶祝這美好的事。

如果他們是一對男女？也許這就是他們的婚禮慶典，而旁邊的一群人也是在愉悅的相處互動中。他們位在城堡裡也表示這個關係是穩定的，受到保護的一個關係。

參考關鍵字

愉悅的氣氛、慶典、一個穩定的合作、豐收的、結婚。

逆位圖像細節解析

◉ **切割上下重心在上**
♦ **人群**：被權杖切割成不同區間，代表彼此之間的認知與方向不同。
◉ **萬有引力關鍵掉落**
♦ **人群**：不管是誰掉落，都代表原本的關係出現分裂狀態。
♦ **權杖**：穩固的訊息消失。
♦ **手中花朵**：值得慶祝的事情消失，氣氛不再歡樂。
◉ **草木顛倒枯萎貧瘠**

- **橋墩下花叢**：沒有良好的持續溝通，關係停留於之前無法成長。
- **花果叢**：失去豐盛的收穫，無法滿足現狀。
- ◉ **建築崩毀訊息消失**
- **城堡**：無法守護，也代表穩固的狀態消失。
- **橋墩**：溝通不良，關係出現問題。

逆位特質：失去穩定後的不滿足

逆位圖像全面解析 ────────

原本穩定的特質在這個階段通通消失，原本可以慶祝的豐收物品都失去了。現在大家的關係都陷入不穩定，以及不滿足的狀況，而且彼此之間也失去了溝通的能力。

大家的關係出現很多不滿，以及各自為政的狀況（每一個權杖代表一個方向）。

參考關鍵字 ────────

不穩定的基礎、無法滿足現狀、不愉快的氣氛、人際關係不好。

權杖五

Five of Wands

正位圖像細節解析

- ◆ **五個人**：穿著不同，代表來自於不同的地方。
- ◆ **權杖**：互相交集代表意見不合，也可以說是爭吵的狀態。
- ◆ **綠色土地**：雖然崎嶇，但綠色代表許多事情正在慢慢的成長中。
- ◆ **所站位置高低**：立場不同，著力點不一樣，因此可以說是站在不同的角度來看待一件事，會導致意見不同。

正位特質：意見不合的爭論

來自於不同地方的人，現在各自拿著代表自己想要前進的方向，在彼此之間溝通，但畢竟每個人站的地方高低與方向都不一樣，所以產生了許多的爭論與爭吵，這代表目前彼此之間有劍拔弩張的狀況。

不過如果你仔細看他們的眼神，他們似乎也有在注意其他人的方向，這代表雖然有爭吵，但也是一個全新方向的開始。

參考關鍵字 ───────────────────────

建設一個基礎、意見不合、爭執、新的契機、各自為政。

逆位圖像細節解析 ─────────────────

◉ **切割上下重心在上**
◆ **土地高低**：所站的地方不同，也表示有人利用關係或是計策，讓這場鬥爭變得不公平。

◉ **萬有引力關鍵掉落**
◆ **權杖**：單一或少數權杖掉落時，權杖有卡住的狀況，導致掉落時會去互擊其他的權杖，讓自己的行動力失去時同時也影響其他人，造成互相矛盾。全部權杖掉落，則是放下彼此之間的爭執。

◉ **草木顛倒枯萎貧瘠**
◆ **草地**：不再有新生的機會，代表所有鬥爭都卡在當下。

逆位特質：各懷詭計的鬥爭

逆位圖像全面解析 ——————————

因為站的地方高低不一樣，這也代表每個人所看的角度落差很大，此時在進行鬥爭時，也就變成站的立場不一樣。有人在較低的位置，代表於不利的處境，這也是彼此之間各耍計謀的表現。

過程當中，你可以選擇持續堅持你的方向與行動力，與對方拚個你死我活，或是就讓你的堅持放下，這樣也許也是一個打開彼此之間矛盾的方法。

參考關鍵字 ——————————

鬥爭、各耍計謀、訴訟、矛盾的狀態、放下爭執。

權杖六

Six of Wands

正位圖像細節解析

- **權杖上桂冠**：榮耀的方向與行動力。
- **頭上桂冠**：榮耀的想法。
- **黃色衣服**：喜悅的態度，也是一個可預期獲得喜悅的態度。
- **隨從**：身上衣服不一樣，代表來自不同的地方。但權杖方向類似，表示有共同的目標與方向一起前進。
- **白馬**：單純沒有太多雜念的前進。
- **綠披巾**：給彼此一些空間，並非一言堂模式。

正位特質：榮耀帶領前往勝利

正位圖像全面解析

現在一個說話與行動力都讓大家折服的人，要帶著大家一起前進，看他權杖上還掛著桂冠，這也表示他所帶領的方向是讓大家都感到榮耀的。

他帶領大家前進，並非是要求大家一個口令一個動作，他會給大家各自的空間，只要目標一致，在過程中大家保有自己的穿著及行動力是被允許的。

參考關鍵字

光榮的出征、有共同目標、成功的到來、榮耀的勝利。

逆位圖像細節解析

◉ **切割上下重心在上**

◆ **披巾**：鬆垮的披巾，表示這是一個鬆散的狀態，大家都很隨興。

◉ **萬有引力關鍵掉落**

◆ **綠披巾往下掉**：遮住馬與人的視線，前進之路變得很不確定。

◆ **權杖桂冠**：無法榮耀的前進或歸來，代表失敗。

◆ **頭上桂冠**：想法不再以榮耀為主，所說及所做的可能有欺騙成分。

◆ **權杖**：不再有共同方向導致無法成行。

◆ **主角**：從馬上摔下，代表無法繼續前進。

逆位特質：失去榮耀前往失敗

逆位圖像全面解析

現在那個自稱可以帶我們前往榮耀之路的人，我們卻發現他的桂冠已經掉落，這是否也代表他只是故意讓我們覺得他可以帶我們前進，但實際上，他也許並沒有令人折服的能力。

這樣的猜測讓我們其他人開始擔心，我們開始不願意跟著他前進，乾脆就各走各的，不要再跟著他走了，因為就算失敗至少也是我本來想走的路。

參考關鍵字

失敗情形、不好的消息、無法成行、行程被延遲、不老實、欺騙。

權
杖

權杖七

Seven of Wands

正位圖像細節解析

- ♦ **主角權杖**：防禦姿態，代表防禦外來的挑戰。
- ♦ **綠衣服**：與外來挑戰隔離，保護不受傷害。
- ♦ **黃內裡**：內心喜悅，充滿期待，也表示相信自己可以防禦妥當。
- ♦ **鞋子**：一隻鞋子沒穿好，代表挑戰來得突然。
- ♦ **山丘**：居高臨下面對挑戰是比較有利的。
- ♦ **六根權杖**：外來的挑戰，但目前居下臨上並沒有佔地利。

正位特質：自信滿滿的面對挑戰

正位圖像全面解析

來自於外在的敵人，現在在山丘下聚集並且要攻打主角。對於主角來說，一切來得太突然了，導致於他鞋子都沒有完全穿好。

不過他現在有佔到地利之便，因此他拿起了他的權杖做出防禦的姿態。雖然對手有六個人，但他一點都不擔心他會輸，因為他現在居高臨下，且對自己的能力相當有自信，現在的他，相信自己可以做得很好。

參考關鍵字

面對挑戰、有能力的、勇敢、努力面對可以突破障礙。

逆位圖像細節解析

◉ 切割上下重心在上

◆ **六根權杖**：居上臨下代表挑戰變大，也造成主角無法抵抗，也可以說成是眾人對你的想法產生質疑與攻擊。

◆ **鞋子**：一腳未穿的狀況，代表挑戰來得太突然，導致無法應對。

◉ 萬有引力關鍵掉落

◆ **六根權杖**：向下攻擊讓主角遭受相當大的傷害。

◆ **主角掉落**：挑戰太大，導致逃離挑戰。

逆位特質：無法面對只想逃避

逆位圖像全面解析

現在敵人已經居高臨下，讓主角遭受相當嚴重的攻擊，可以從他沒穿好鞋子的腳來看，他現在整個人相當的慌亂。

面對這樣的高壓挑戰，看起來我們的主角已經無法再抵抗，也許這時候逃亡會是一個他想要做的事。

參考關鍵字

遭受非議、沒有自信、逃亡、無法勝任、挑戰太困難。

權杖八

Eight of Wands

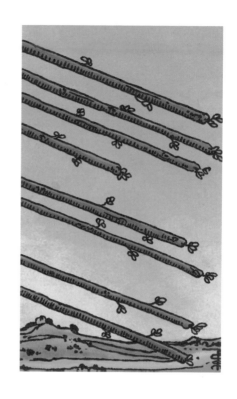

正位圖像細節解析

♦ **八根權杖**：像弓箭一樣向上射出，代表快速及迅速之意。

♦ **山丘上房子**：弓箭所要射擊的目標，也表示弓箭是一個要往遠方前進的意思。

♦ **河流**：象徵弓箭要跨越的距離是遙遠的。

♦ **綠地與樹**：一切都在滋養中成長，往好的方面前進。

◉ **補充資料**

與愛神邱比特金色的弓箭和銀色的弓箭有關，會增加正逆位關

鍵字中的愛神之箭，以及妒忌之箭。

正位特質：快速遠行前往成功

正位圖像全面解析

現在我們把目標放在越過河流遠方的那個房子上，我們拉滿了弓箭，一口氣射出八支弓箭，八支弓箭快速的飛往遠方，看起來要命中目標是沒有問題的。

雖然因為太過快速，可能讓弓箭的前後端出現一點落差，但一切都可以順利射到我們的目的。

參考關鍵字

一帆風順、遠行、順利的象徵、迅速達成、愛神之箭。

逆位圖像細節解析

⦿ **切割上下重心在上**
◆ **河流**：距離成為關鍵，也表示無法突破距離的問題。

⦿ **萬有引力關鍵掉落**
◆ **權杖**：向下產生三種狀態，一為失去動力時的狀態 — 緩慢，一為向下直衝的狀況 — 失控，一為插入土裡的狀況 — 停止。

⦿ **草木顛倒枯萎貧瘠**
◆ **綠地**：失去生機代表無法再成長，事情接近結束階段。

⦿ **建築崩毀訊息消失**
◆ **房子**：失去目標，無法再前進。

逆位特質：妒忌導致情緒失控

逆位圖像全面解析 ─────────────

現在弓箭已經開始往下衝，因為看不到土地的距離，所以就要看你覺得它是剛好在最頂峰的狀態呢？還是開始重力加速度的階段？還是其實前端已經插到土裡了？

這會讓這張牌出現三種不同的解法，但令人遺憾的是，那個目標房子是極有可能被摧毀，導致於沒有目標喔。

參考關鍵字 ─────────────

事情被拖延、不順利狀況、發展過快產生失控、停止、妒忌之箭。

權杖九

Nine of Wands

 正位圖像細節解析 ────────────

- ♦ **頭上繃帶**：受傷的狀態。
- ♦ **手中的權杖**：拿來當拐杖，也表示目前狀況很糟，只能撐住。
- ♦ **袖子**：捲起來代表仍準備面對挑戰，並沒有逃避。
- ♦ **眼神**：可能是在觀察敵軍的狀況，或是等待援軍的到來。
- ♦ **城牆**：阻隔敵人，但目前看起來敵人的權杖更高，代表相當危急。
- ♦ **八根權杖**：敵人，也是挑戰，將主角圍住讓他無法脫困。

♦ **鞋子**：綠色代表保持距離，也是主角希望可以與敵人保持距離。

♦ **綠山**：一個可以成長的未來，但已經被權杖阻隔住，無法突破。

正位特質：負傷仍堅守崗位

正位圖像全面解析————————————

現在主角被敵人團團圍住了，他在自己的城堡上方想辦法，要繼續保護他的領地。可以看到他已經受傷的滿嚴重了，連原本當作武器的權杖，都只能拿來先充當拐杖。

不過他的眼神與他把袖子捲起來的動作，都顯示他並沒有放棄所有的一切，他還在努力面對這些挑戰，也許在他心中也期待有援兵能適時到來？

參考關鍵字 —————————————

受傷、等待援助、被流言所困、壓力很大、小心面對未來的挑戰。

逆位圖像細節解析 ————————————

◉ **切割上下重心在上**

♦ **八根權杖**：居上臨下，讓外來挑戰大幅增加，讓主角難以招架。

◉ **萬有引力關鍵掉落**

♦ **主角掉落**：因壓力過大而無法面對，導致逃離的狀況。

♦ **八根權杖**：從上而下掉落經過主角，讓主角受到更大的攻擊傷害。

◉ **草木顛倒枯萎貧瘠**

♦ **綠山**：對未來不再有期待，也表示失去鬥志。

◉ **建築崩毀訊息消失**

♦ **城牆**：唯一阻隔的城牆消失，面臨直接的傷害已無法抵抗。

逆位特質：傷痕累累無法再戰

逆位圖像全面解析 ─────────────────

現在唯一可以保護的城牆被攻破了，敵人已經佔到城牆上方開始對主角攻擊。這樣的慘烈攻擊不只是居高臨下，更是人數優勢。

這讓主角無力抵抗，只能趕快逃離這個地方以免受到更大的傷害。

參考關鍵字 ─────────────────

失去鬥志、傷害更大、壓力超出可負荷、無法面對挑戰。

權杖十

Ten of Wands

正位圖像細節解析

- ◆ **十根權杖**：由一人拿著，讓他感到非常沉重的壓力。
- ◆ **黃頭髮**：對未來仍抱持著希望。
- ◆ **衣服**：咖啡色代表落實的狀態，紅色腰帶表示用行動來支撐。
- ◆ **姿勢**：彎腰駝背也表示相當的辛苦，是一個努力撐著的狀況。
- ◆ **身材**：充滿肌肉，代表仍有能力面對挑戰。
- ◆ **遠方城堡**：最後目標，如果可以堅持到最後，就可以放下負擔。
- ◆ **遠方的樹與田地**：指向可期待成長的未來，但仍有距離。

正位特質：壓力沉重仍堅持向前

正位圖像全面解析

現在這一個人被當十個人用，圖片中看到他的壓力相當大，他已經被壓的喘不過氣，但是他並沒有放棄，他現在還是堅持努力往前，畢竟對他來說，已經可以看到他的家，只要能**夠**堅持到家一切就成功了。

現在的他雖然非常疲倦、有壓力，但至少他沒有選擇放下那些壓力，是個堅持到底的人。

參考關鍵字

沉重的壓力、忍耐的前進、辛苦的獨自面對、喘不過氣、未來可能有些成功的機會出現（但現在很辛苦）。

逆位圖像細節解析

◉ 切割上下重心在上
- ◆ **城堡**：成功在眼前，即將可以到達目的地。
- ◆ **傾斜的腳**：失去重心滑倒，也表示失敗的狀態。
- ◆ **權杖**：參差不齊的權杖讓人拿的時候會更難拿，施力點更難掌控。

◉ 萬有引力關鍵掉落
- ◆ **權杖**：掉落可分成兩種，一則是到達目標，所以可以放下；一則是壓力太大，決定放下不再努力。

◉ 草木顛倒枯萎貧瘠
- ◆ **遠方的樹與田地**：未來的希望已經失去，不再期待。

◉ **建築崩毀訊息消失**

♦ **遠方城堡**：目標已經失去，再努力也沒用。

逆位特質：失去鬥志進而放下一切

逆位圖像全面解析 ————————————

現在抬頭就可以看到他的家，似乎成功又離他更近了一點，但現在他的權杖看起來要拿著是更加的辛苦。

甚至要小心是否會因為一時不小心，而整個人失去重心滑倒，如果不小心滑倒了，那麼之前的努力就白費了。

參考關鍵字 ————————————

未來可放下負擔、壓力更沉重、失去原有重心、失敗。

寶劍一

Ace of Swords

正位圖像細節解析

- ◆ **雲中伸出的手**：全新的開始，用握的代表掌控的意思。
- ◆ **皇冠**：榮耀的象徵。
- ◆ **皇冠旁花果**：榮耀持續的發展。
- ◆ **寶劍**：理智的象徵，完全筆直代表極度理智不偏頗。
- ◆ **六個點**：對應大牌六號戀人，在理智下被切割無法成為戀人，隱含沒有情感的意思。
- ◆ **遠方的山**：十分理智，沒有任何樹木可以掩蓋模糊或隱藏。

◆ **對應希臘諸神**：正義女神雅典娜。

正位特質：用理智衡量萬物

正位圖像全面解析

從雲中伸出一隻手，握著代表理智與智慧的寶劍。這把寶劍現在筆直的被握著，代表這個智慧與想法是完全中立不偏不倚的。而寶劍上方有一個代表榮耀的皇冠，剛好就被這寶劍穿過，這也表示中立追求榮耀的意思。而皇冠旁的花草，則是代表這個得到榮耀的事情是一直持續不斷的狀態。

遠方的山沒有任何花草樹木，也表示過度理智，導致於比較沒有可以隱瞞或灰色地帶的狀態，顯示出寶劍一過度理智有點不盡人情的狀態。

參考關鍵字

理智、尋求權力、一個新的開端。

逆位圖像細節解析

◉ **萬有引力關鍵掉落**

◆ **寶劍掉落**：向下斬下，讓所有的事情全部都被破壞，也表示失去理智。往下掉同時把六個黃點破壞，也代表濫用權力，讓原本存在的事物消失。

◆ **皇冠掉落**：不再追求榮耀，也表示不追求公正的態度。

◉ **草木顛倒枯萎貧瘠**

◆ **花果**：不會再有成長的機會，也讓榮耀沒有辦法再成長。

逆位特質：失去理智情緒失衡

逆位圖像全面解析 ———————————————

現在這把劍被快速的向下斬，這也表示目前許多事情已經在進行執行的狀態。

然而這把寶劍也會因此而掉落，變成了失去理智、榮耀不再、也沒有可以倚靠的智慧，這個狀態就會變成一切都被不理智的行為破壞了。

參考關鍵字 ———————————————————

失去理智、偏頗、濫用權力、破壞平衡。

寶劍二

Two of Swords

正位圖像細節解析

- ◆ **月亮**：不確定以及變化多端的狀況。
- ◆ **兩把寶劍**：往不同的方向，代表有不同的想法。
- ◆ **眼睛矇住**：看不見外面的世界，也表示看不見危險。
- ◆ **雙手交叉於胸**：將心封閉住，也表示不願意敞開心胸面對。
- ◆ **藍白色衣服**：單純、冷靜的想，沒有行動力就只是停留於當下。
- ◆ **石椅**：固執的態度。
- ◆ **鞋子**：黃色代表有所期待，但被自己不同的想法困住，而無法落

實。

- ♦ **海**：礁石代表危險的狀態，眼睛被蒙住就看不到危險了，也是代表情緒中有浮出一些自我阻礙的狀況。
- ♦ **夜晚**：許多的不確定存在這個階段。

正位特質：自我矛盾無法前進

正位圖像全面解析

這個人現在坐在一個代表固執的石椅上，他現在有兩個不同的想法困擾著他，但他一方面把自己的眼睛蒙起來，不讓自己看到外面的世界，另一方面又把自己的胸口遮蔽起來，不願意感受一切。

這樣的狀況只會讓他的想法持續矛盾，而找不到解決的方案，雖然他仍對於未來有所期待，但也就只能持續的坐著，空待時間的流逝。

參考關鍵字

矛盾、隱藏的危機、逃避現實、不願意敞開心胸。

逆位圖像細節解析

◉ 切割上下重心在上
- ♦ **海**：以自己的情緒為主，不在乎外在的狀況。
- ♦ **石椅**：更加強固執，不願意打開心胸。

◉ 萬有引力關鍵掉落
- ♦ **寶劍**：原本矛盾的想法消失。

♦ **眼罩**：打開眼界，看清楚狀況，也表示打開心胸面對挑戰。

◉ **日出日落光明黑暗**

♦ **月亮**：太陽將升起，將原本陰暗不確定的事釐清。

◉ **建築崩毀訊息消失**

♦ **石椅**：崩解後也表示心胸打開，不再固執。

逆位特質：打開心胸放下矛盾

逆位圖像全面解析

原本代表固執的石椅，在此時已經崩解了，而這個人臉上的眼罩也已經掉落，更令人開心的是月亮下降，太陽即將升起，所有的一切都已經全部打開，不再有不確定的事情可以困擾著他。

此時的狀況，可以說是把過去的不確定與矛盾全部一掃而空，除非你看到原本象徵情緒的海水此時宣洩而出，表示被情緒淹沒，否則這個人目前已經走出了原本的矛盾情結。

參考關鍵字

被情緒淹沒、不再矛盾、看清事實。

寶劍三

Tree of Swords

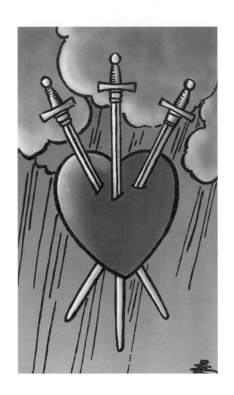

正位圖像細節解析

◆ **心**：紅色的心代表熱情，也是心之所向。
◆ **劍**：刺入心，代表讓熱情或是所期待的事情被破壞。
◆ **下雨**：形容內心世界的痛苦，如同流淚的狀態。
◆ **背景**：整體灰色，讓所有的重心都放在一顆心被刺穿的上面，代表這件事情是被特別注視的。

正位特質：處處受阻深感心痛

正位圖像全面解析

一顆熱情及對於未來充滿期待的心，在此時卻被三把寶劍從上而下刺穿，這也表示那些我們所期待的事情，在此時被迫停止。

也許是因為自己的想法抑或是他人的評論，不管是來自於那裡的訊息，都讓我們現在只能對於所期待的事情被迫中止，感到難過與傷心，甚至感覺後方的烏雲密布與下雨，都像是自己的眼淚一般。

參考關鍵字

傷心、破壞、失望、受到挫折。

逆位圖像細節解析

◉ **切割上下重心在上**

◆ **劍**：看到劍刃在上，也表示靠近自己的是劍柄，表示個案是一個傷害他人的傷害者。

◉ **萬有引力關鍵掉落**

◆ **劍掉落**：就像是要從傷害中拔出劍，形容成即將離開傷痛。

◆ **雨回到雲中**：雨下不去，回到雲裡面也代表不再流淚，藉此佐證被傷害的並不是個案，而是個案去傷害他人，所以不須流淚。

逆位特質：逐漸走出傷痛過往

逆位圖像全面解析

現在插住這顆心的三把寶劍，終於要緩緩的掉落，雖然還是有傷痛，但這代表那些傷痛的事情即將要慢慢離開的一個過程。

這時不禁要思考，當初把這劍插進去的是否是他人，還是剛好靠近劍柄的就是我自己呢？也許這也表示其實是我去傷害了他人。

參考關鍵字

傷心、破壞、失望、受到挫折、使他人受傷、應該離開傷心的狀態（但仍在傷心中）。

寶劍四

Four of Swords

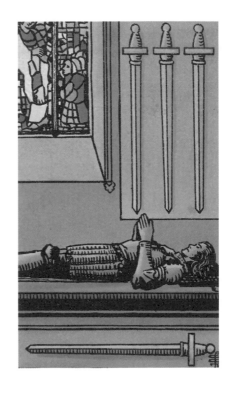

正位圖像細節解析

- ◆ **彩繪玻璃**：通常指向教堂，也表示是個戰爭時的避難所，圖案中為一個人像聖母祈禱，似乎正在等待一些消息，或是祈求協助。
- ◆ **牆上三把劍**：外來的挑戰。
- ◆ **人**：協助抵禦外來挑戰的木雕人，與歐洲中古世紀習俗有關，也顯示這是一個棺材。
- ◆ **手勢**：三合一，代表守護的意思，也是祈禱審判日來臨時的

手勢。

♦ **棺蓋打開**：裡面的人還活著，只是暫時躲避起來。

♦ **下方寶劍**：休息夠了，就準備拿起寶劍去面對挑戰。

正位特質：遠避災難伺機充電

正位圖像全面解析 ───────────────

在一個代表避難所的教堂裡面，有個人為了躲避外來的挑戰，現在正躲在棺木裡面，這個動作就代表他現在想要與外界保持一些距離，讓他不受外界的干擾與挑戰，他可以在這裡面休息，或是我們現在所說的充電。

直到他準備妥當後，他也許就可以拿起一旁的寶劍勇往直前面對挑戰。

參考關鍵字 ───────────────

休息、遠避災害、暫時停止、充電。

逆位圖像細節解析 ───────────────

◉ **切割上下重心在上**

♦ **棺木旁邊的劍**：以劍為主，表示要拿起來揮舞，也是準備面對挑戰。

◉ **萬有引力關鍵掉落**

♦ **棺木裡的人掉下來**：無法再躲避、休息，需要面對未來的挑戰。

♦ **假木雕人**：掉下已無法再協助抵擋外來挑戰。

♦ **三把寶劍**：由於是鑲在牆上，除非教堂摧毀，否則挑戰都在。

◉ **建築崩毀訊息消失**

♦ **教堂**：失去保護，也表示得面對挑戰。

逆位特質：無法逃避勇敢面對

逆位圖像全面解析

現在你已經無法再躲於棺木當中，你得起身面對那些外來的挑戰，不管是教堂或是可以偽裝的木雕人都已經失去，你只能勇敢面對挑戰而無法避開。

請別擔心，經過休息過後的你，將會有更多能力可以去面對的。

參考關鍵字

無法休息、無法逃避、準備面對挑戰。

寶劍五

Five of Swords

正位圖像細節解析

- ◆ **大型人**：獲勝者，大多指向個案所問的事情結果，他回頭看其他人，代表獲勝後除了驕傲的蔑笑之外，還可能隨時想要再上前攻擊。手中三把劍，代表他的想法有不一樣的思考方向，也表示他現在有些矛盾。
- ◆ **衣服**：紅色內裡的行動力被外在綠色衣服擋住，表示矛盾狀態。
- ◆ **中型人**：失敗者，將衣服往後一揹代表不再鬥爭。劍都丟到地上，大多指向挑戰的事情被個案征服。

- ◆ **小型人**：在海平面以下，隱喻著內心世界的狀態，正位來說是指向獲勝者的內心其實是痛苦的，只是外在為了贏，所展現出來的態度。
- ◆ **海**：內心世界或是潛意識。
- ◆ **雲**：快速的變化，也表示存在著想法的快速變動，藉此來將小型人轉換成大型人的內心世界展現。

正位特質：為求獲勝不顧一切

正位圖像全面解析

這兩個在鬥爭的人看起來右邊的獲勝了，他手上拿著寶劍，代表他是唯一還留有武器或想法的人。他回頭看著那個落寞離開的人，嘴中還出現了淺淺的微笑，驕傲的他也許還想要再往前攻擊，但其實他自己的內在是很痛苦的，為了表面的獲勝也許他失去了更多。

他撐住的只是一個外表的勝利，內在卻是在哭泣的狀態，他真的贏了嗎？不知道！

參考關鍵字

自我矛盾、驕傲、鬥爭後的慘勝、敵意的存在。

逆位圖像細節解析

⊙ **切割上下重心在上**
- ◆ **小型人**：與中型人較靠近，代表失敗者的懊悔。

- ♦ **地上寶劍**：與大型人高舉的寶劍成對打狀況，意指他人放棄想法了你還不斷的去挑釁、去鬥爭。
- ♦ **地上寶劍**：代表失敗者，也指向這件事是失敗的。

◉ **萬有引力關鍵掉落**

- ♦ **大型人**：手上兩把寶劍掉落，只剩一把與地上寶劍對打，代表被鬥爭沖昏了頭，他人放棄鬥爭了你還不放棄。

◉ **顏色壓制逆位展現**

- ♦ **衣服**：原本壓制的行動力被解放，也是輔佐鬥爭沖昏了頭的動力。

逆位特質：連連敗退無法再戰

逆位圖像全面解析 ──────────

換個角度來看，現在失敗者是這個畫面中最主要的部分，他失去了他的武器（想法），他已經不想要再繼續鬥爭了，他失敗的離開，但沒想到那個獲勝的人還不斷想要向他挑釁，連被他丟到地上已經放棄的想法，獲勝者都還要想辦法攻擊。

這樣的狀況讓他感到很不是滋味，也是一種失敗後還被他人追趕的負面情緒。

參考關鍵字 ──────────

矛盾、失敗後的懊悔、被鬥爭沖昏了頭。

寶劍六

Six of Swords

正位圖像細節解析

- ♦ **撐船者外衣**：咖啡色外套，代表落實的執行者。
- ♦ **撐船者內裡**：綠色衣袖，表示保持安全距離的狀態。
- ♦ **撐船者鞋子**：咖啡色鞋子，代表有落實的執行。
- ♦ **撐船者權杖**：深咖啡色，代表穩定落實的前進。
- ♦ **撐船者**：協助他人離開不好的地方，往好的方向前進。
- ♦ **船下波浪**：並非波濤洶湧，代表撐船者是緩慢溫和的前進。
- ♦ **帶斗篷的人**：一個需要離開當下往其他方向前進的人，斗篷

蓋起來似乎有些事情不想讓他人知道，也表示有隱藏的祕密。

- **小孩**：內在小孩因為傷痛而放在旁邊，雖然仍依偎著，但也表示目前的狀況並不是注重內在小孩的狀況，而只是想要離開這個環境。
- **寶劍**：插在船上讓船已經受損，藉此表達這是一個受傷的狀況，但劍未拔起代表至少這件事並非讓你無法跨過，只是苦痛。
- **遠方陸地**：一個可期待前往的避難處。

正位特質：遠離傷心前往他鄉

正位圖像全面解析

一個內心有痛苦的人，他連內在的需求都已經不想去思考，他想要離開這個傷心處，藉由自己或是他人的協助，讓他開始慢慢的往一個新的方向前進。

他的旅程看起來就像是被劍所刺穿的船一樣，充滿了苦痛，但至少目前還在慢慢的前進，並沒有沉船，事情雖糟，但現在可期待的是逐漸往好的方向前進。

參考關鍵字

遠離痛苦、往更好的方向前進、受保護的、隱瞞心事、旅行。

逆位圖像細節解析

◉ 切割上下重心在上

◆ **波浪**：水在船的上面，代表船被淹沒了，事情往更糟的方向前進。

◆ **帶斗篷的人**：加強心事不願意揭露的狀態。

◉ 萬有引力關鍵掉落

◆ **寶劍掉落**：寶劍掉落，讓船的破洞開始進水，也表示狀況變更嚴重。

◆ **小孩掉落**：把內在小孩丟棄，代表事情嚴重到已經不再關心內在的期待。

◆ **撐船者**：失去重心，導致整艘船翻船。

◆ **斗篷**：掉落後代表原本不想被發現的心事被揭露。

逆位特質：狀況連連無法逃避

逆位圖像全面解析

因為失去了平衡，所以整艘船現在開始搖晃不安，看起來隨時都可以翻船。壞事接連而來，原本寶劍插在船上至少水還不會大量湧進，但現在卻在船不斷的搖晃中掉落了，接下來水也從船的破洞中開始湧入，事情已經越來越嚴重。

遇到這樣狀況的你，現在也只能看著事情越變越糟糕，而無法作為。

參考關鍵字

狀況變壞、失去重心、心事被揭露、不願意敞開心胸。

寶劍七

Seven of Swords

正位圖像細節解析

◆ **帽子**：紅色代表腦筋很好，或是懂得運用腦袋思考。

◆ **衣服**：綠色也表示他可以與敵人之間保持距離，不被發現。

◆ **褲子**：藍色代表冷靜的進行。

◆ **鞋子**：紅色則為有行動力，墊腳尖表示正在偷偷摸摸地進行著。

◆ **手中寶劍**：偷取敵人的武器，削減對方的戰力，但手持劍刃代表這是有危險的事情，隨時會受傷。

◆ **回頭看**：微笑代表很有自信的態度，回頭看剩下的兩把劍，也

代表繼續思索接下來的行為。

- ♦ **帳篷**：敵人駐紮區，也是代表挑戰。
- ♦ **左方的人群**：正在炊事，目前位於下方，屬於較不重要的地方，也表示沒注意到竊盜者。
- ♦ **黃色背景**：豐收的象徵，代表這次的出擊是有收穫的。

正位特質：小心翼翼以巧取勝

正位圖像全面解析

兩軍交戰，現在一個身著輕裝的小偷，趁敵軍在炊事的時候，悄悄到對方的帳篷裡偷取他們的武器。他敏捷的身手及思考後的想法，讓他只從敵營中偷取了五把寶劍出來，他小心翼翼地離開並且持續觀察，看是否有機會再回來把剩下的也偷走。

他的行為是危險的，就像他把把劍的劍刃放在手上一樣，不過以他聰明的頭腦以及行動力極佳的狀況來說，一切都在安全範圍內，只是有點危險而已。

參考關鍵字

一個計策、偷偷摸摸、有信心的想法、有危險的行為、竊盜。

逆位圖像細節解析

◉ 切割上下重心在上

- ♦ **炊事的人**：現在他們發現竊盜者的存在了，也表示事情危險了。
- ♦ **帳篷**：敵人的戰力為主，對竊盜者來說，已經無法減弱敵人戰

力。

◉ **萬有引力關鍵掉落**

♦ **手中寶劍**：掉落就割傷了手，自己的計策傷害了自己。

♦ **帽子掉落**：腦子不再運轉，也就成了無法可想。

♦ **帳篷**：帳篷拔起代表敵人開始行動，竊盜者將容易被抓到而失
敗。

逆位特質：錯誤計策導致失敗

逆位圖像全面解析

原本小心翼翼的行為，突然間被炊事的敵人發現了，大家開始
追擊。

一方面，人也馬上把他們的紮營拔起開始追擊；另一方面，這
個小偷在慌亂之間，也不小心讓寶劍割傷了自己的手，看起來
他偷偷摸摸的事情已經被發現，接下來他也是無法可想的狀況，
可預期的失敗即將到來。

參考關鍵字

一個錯誤的計策、偷偷摸摸的事被發現、無法可想、被擊敗。

寶劍八

Eight of Swords

正位圖像細節解析

◆ **蒙眼**：看不到外面的危險,也表示深陷危險當中,不知如何面
對。

◆ **身體**：被綑綁則無法知道周遭的狀態,一種說法是沒有打開心
胸面對,另一則則是陷入危機當中。

◆ **衣服**：紅色代表行動力,被綁住也代表失去行動力。

◆ **寶劍**：插在地上讓當事者無法逃出,也代表這是一個危機的
狀態。

- ◆ **爛泥巴**：隨便走可能會絆倒就被劍割傷，代表許多的危機，也可以說是內心世界非常混亂的狀況。
- ◆ **城堡**：貴人離你很遠，無人可以協助。

正位特質：深陷危機無法逃離

正位圖像全面解析

這個人現在被抓住了，他被困在八把寶劍的陣當中進退兩難。一方面眼睛被蒙住，讓他看不到所在何方；另一方面，手也被綁住，讓他無法摸索逃出方向。

現在的他深陷危機，似乎隨時都有可能出現意外讓他受傷，而在遠方可以幫忙的貴人，也因為離他太遠無法前來救援，他就只能在這個危險的地方中繼續待著。

參考關鍵字

危機四伏、搞不清楚、自我設限、徬徨無助。

逆位圖像細節解析

◉ 切割上下重心在上
- ◆ **爛泥巴**：心中的混亂相當嚴重，但人即將離開這個環境。
- ◆ **腳**：腳未被綁住，因此會有離開危機的意思。
- ◆ **城堡**：貴人出現，前來協助。

◉ 萬有引力關鍵掉落
- ◆ **寶劍**：掉落後也代表危機解除。

♦ **身體繃帶**：解除後心胸也打開了，許多事情都可以接納。

♦ **眼罩**：打開眼界，可以看到危機，也讓事情變得可以解決。

◉ **建築崩毀訊息消失**

♦ **城堡**：不需要再向外求援，可以自救。

逆位特質：打開心胸逃出危機

逆位圖像全面解析 ────────────────

這些危險的寶劍即將逐漸掉落，而原本蒙住眼睛及纏住身體的纏布也都掉落，這都代表之前的危機都將解除，這個人也有很高的機會即將離開這個令他不愉快的環境。

一切都將往好的方向前進，剩下的就只是時間問題而已。

參考關鍵字 ────────────────

危機解除、打開心胸、重新開始（即將）。

寶劍九

Nine of Swords

正位圖像細節解析

- ♦ **九把寶劍**：懸浮在空中，代表是意念上的傷害，而非實質上的。
- ♦ **起身的人**：作噩夢導致驚嚇起身，也表示被過去負面狀態困擾。
- ♦ **搗臉**：不敢面對現實，害怕舊事重演。
- ♦ **衣服**：白色代表單純的被過去情緒所包住。
- ♦ **棉被**：藍色內有占星符號，代表冷靜的面對未來會持續的成長
  到來。黃色內有玫瑰，代表未來仍有持續成長的喜悅存在。這
  些都是代表希望，但臉被搗住就看不到了。

- ♦ **床板**：有人被傷害的木刻，也是離頭最近的地方，代表痛苦的記憶。
- ♦ **背景**：黑色背景代表壓力沉重。

正位特質：夢魘纏身無法入眠

正位圖像全面解析

這個人在過去一定遭受了相當大的傷害，所以連現在在睡覺都會被這樣的噩夢所驚醒。他沉浸於過去的痛苦回憶中，讓他害怕得不敢睜開雙眼，很怕那些過往的痛苦會在現實生活中重新出現。

就算他知道打開眼睛就可以從惡夢中醒來，就算他知道起身就可以離開恐懼，但他就是做不到，只能陷入這恐慌不安的回憶中。

參考關鍵字

痛苦煩惱、深受困惑、絕望的感受、被過去所困、無法面對現實。

逆位圖像細節解析

◉ **切割上下重心在上**
- ♦ **床板**：過去的痛苦更加劇烈的困擾著。
- ♦ **棉被**：希望在前，只等個案打開眼／心胸。

◉ **萬有引力關鍵掉落**
- ♦ **棉被掉落**：沒有希望、看不到未來，讓人想要放棄一切。
- ♦ **人掉落**：逃離痛苦的地方，也像是起床不再面對那些痛苦。

◉ **建築崩毀訊息消失**

♦ **床板**：毀掉後，等於過去的苦痛記憶也消失了。

逆位特質：努力突破離開苦痛

逆位圖像全面解析

由於過去痛苦的記憶太過難受，現在這個躺在床上的人即將陷入選擇，一就是繼續活在痛苦回憶中，或是乾脆不要管那麼多，就起床面對嶄新的人生。

不管他選擇哪一個方向，目前他仍是在痛苦的狀況中，只希望他能儘快的做好決定往前走，不要再被過去所困住。

參考關鍵字

痛苦但還有一點希望、想要放棄努力、離開苦痛放下糾葛。

寶劍十

Ten of Swords

正位圖像細節解析

- ◆ **寶劍**：插在人身上讓人死亡，也表示傷害過大，讓事情無法轉圜。
- ◆ **紅色披風**：教皇的外衣，代表上天的加持都無法解救，也代表行動力完全的被禁止與阻擋。
- ◆ **手勢**：教皇的手勢與披風一樣，暗示上天的力量是無能為力。
- ◆ **血漬**：傷害很大。
- ◆ **土地**：咖啡色代表落實的特質，而血與劍都是插入土裡，代

表這些傷害是扎實的。

- ◆ **雲**：黑色烏雲代表壓力非常大，壓制了黃色的天空。
- ◆ **遠方天空**：黃色也代表未來似乎還有些希望，但不是現有的而像是經過了死亡，接下來才有機會有全新的開始。
- ◆ **海**：平靜海洋代表這件事已經結束了，也表示情緒上再也沒有任何變化。
- ◆ **遠方陸地**：另一個世界，連接黃色天空也代表下一階段即將開始。

正位特質：痛苦不已萬念俱灰

正位圖像全面解析

一位被十把寶劍插死在土地上的人，就算他身披教皇披風及手指出引導上天的姿勢，都無法阻止這個被加諸的傷害。

全身插滿寶劍，也代表所有一切的期待都已經無力回天。而天空的烏雲，也表示這是一個讓人感到壓力沉重的狀態，如今一切都已經結束，只能將期待放在人生的下一個階段了。

參考關鍵字

死亡、嚴厲的譴責、無法解放的壓力、結束的訊息、新生前必須先經歷結束的痛苦。

逆位圖像細節解析

◉ **切割上下重心在上**

- ♦ **手勢向上**：上天的力量開始運作了。
- ♦ **黃色黎明**：新的未來正在開展。

◉ **萬有引力關鍵掉落**
- ♦ **寶劍**：那些痛苦與傷心的事即將慢慢的離開，原本被抑制的紅色袍子也可以開始運作，開始有行動力。

◉ **顏色壓制逆位展現**
- ♦ **黃色的天空**：即將成為重要的顏色，也代表希望即將來臨。
- ♦ **紅色袍子**：壓制袍子的寶劍掉落，紅色顏色開始運作代表有行動力。

逆位特質：超越痛苦即將解脫

逆位圖像全面解析

雖然痛苦仍在，但寶劍也慢慢的即將落下，那些讓人苦痛的事情即將結束，新的人生即將來到。

不管是舊有的重新面對，或是新的未來重新開始，這些讓人傷痛的事雖然永不磨滅，但它也即將離開，就請好好的去面對一切，準備重新開始。

參考關鍵字

即將解脫、新生即將來到、仍有痛苦的訊息、即將解放、成功前的苦痛。

金幣一

Ace of Pentacles

正位圖像細節解析

- ♦ **雲中伸出的手**：用捧的方式為呵護型的，代表十分呵護這一個擁有的關鍵或物質。
- ♦ **金幣**：泛指物質面或是比較持之以恆的事情，也可以做關鍵使用。
- ♦ **花園**：一個美好華麗的入口，指向美好豐盛的未來。
- ♦ **山**：未知的地方，但也是一個可以期待的方向。
- ♦ **百合花**：純潔單純的象徵，也表示這件事是件美好的發展。
- ♦ **道路**：純潔的心（百合），將可以讓一切往更好的期待方向前

進。

♦ **對應希臘諸神**：海神波賽頓。

正位特質：重視擁有專心呵護

正位圖像全面解析────────────────

從雲中伸出的一隻手，用手捧著金幣代表呵護著一個物件，因為金幣大多指向物質或是重要的關鍵，因此代表目前有掌控一件讓個案覺得很重要的關鍵點，或是掌控可以享受的事情。

而下方的花園，也代表一切美好的未來正等著你去找尋。

參考關鍵字────────────────

掌握關鍵、擁有、享受物質生活。

逆位圖像細節解析────────────────

◉ **切割上下重心在上**
♦ **山**：未知的旅程，產生不安的變數。

◉ **萬有引力關鍵掉落**
♦ **金幣**：失去擁有的，以及無法掌控關鍵要素，以物質層面來說就是破財的狀態。

◉ **草木顛倒枯萎貧瘠**
♦ **花園**：枯萎後成為令人生懼的迷宮，與諾陶洛斯的故事有關。
♦ **百合花**：不再單純，很多不確定及混亂的狀況。

逆位特質：無法掌控失去擁有

逆位圖像全面解析

這隻手現在往下倒，他手中的這個金幣也就一起掉下來了，這代表他失去了目前手中所擁有的一切，包含他可以享受的，或是他原本擁有的關鍵。

而上方的百合枯萎，也讓整件事情出現更多不明確的狀況，原本看似豐盛的花園，也因為枯萎了，讓人要進入裡面時出現更多的恐懼，如此枯萎不明確的路到底會通向何方？

參考關鍵字

失去擁有、未知的危機、破財的可能。

金幣二

Two of Pentacles

正位圖像細節解析

- **高帽子**：腦筋很好，運轉得很快。
- **衣服**：橘色內裡代表很有經驗的執行，造就黃色外衣所呈現的喜悅或收穫的訊息，而且腰帶為紅色，表示是有行動力在執行的。
- **金幣**：兩手熟練的將金幣左右拋接，軌跡成為綠色無限標誌，也表示兩個金幣間是有距離不會碰撞的，意指技術很好不會出錯。
- **褲子**：橘色代表很有經驗。

◆ **鞋子**：綠色代表控制得宜保持距離。

◆ **站姿**：雖然看似不穩，但卻是保持微妙平衡的狀態，表示雖然有很多不穩定的情形，但都在控制當中。

◆ **海浪**：波濤洶湧，代表許多起伏不定的變化。

◆ **船**：雖然在海上看似危險，但卻仍是穩定航行，表示都在掌控中。

正位特質：面對波動掌控得宜

正位圖像全面解析

這個表演的藝人現在站姿看似不穩，他將手中的兩顆金幣不斷的丟到另一隻手上，這樣的動作看似危險，卻都是在他的掌控當中。

他充分的發揮他的技術，讓許多事情都不會相撞而出現意外，就像後方的海浪雖大，但船隻都可以穩定的在海浪上航行一般。

參考關鍵字

無限的可能、不同的發展、波動不穩定、變化多端。

逆位圖像細節解析

◉ **切割上下重心在上**

◆ **腳的姿勢**：搖擺不定的狀況被加強，代表變化已經變更嚴峻。

◆ **海洋**：海洋在船的上方也表示船被淹沒，代表事情已經無法控制。

◉ **萬有引力關鍵掉落**

- **金幣**：原本掌控良好的狀態，因為金幣掉落變成無法掌控的失敗。
- **帽子掉落**：無法可想，也沒有太多方法可思考。
- **船**：離開海面也代表擱淺了，一樣指向失敗，無法繼續前進。

逆位特質：失去重心導致失敗

逆位圖像全面解析

這個表演人不小心摔了一跤，他手中的金幣也就全部掉下來。帽子掉了，讓他覺得現在的狀況真的是糟到極點。

這些意外狀況他也沒有其他的備案，也只能接受這個失敗的狀況，就像後面海浪已經吞噬了船，代表一切都被這些無法掌控的事情摧毀了。

參考關鍵字

無法掌控的變化、失控的情形、出乎意料、無法可想導致失敗。

金幣三

Tree of Pentacles

正位圖像細節解析

- ◆ **建築**：只有外面有建好，後面仍是黑暗未建設的狀況，代表一個建設只到初步完成的階段。
- ◆ **金幣**：黃色只先淡淡的上色，指向初步完成，未到達完全完整的階段。
- ◆ **花瓣**：五片花瓣加五片葉，代表要求完美的十全十美。
- ◆ **放置金幣的位置**：隱約成為正三角形代表火元素，向上揚升力量。

- ◆ **放置花瓣的位置**：隱約成為逆三角形代表水元素，個人情感。以上兩個形成了以工作揚升為主，個人情感私欲較小的情形。
- ◆ **工匠**：站在木椅上，代表懂得運用資源讓工作輕鬆，也代表能力足夠應付所有挑戰，泛指能力很好。藍色衣服與鞋子都代表相當冷靜的面對，黃色防塵布代表是喜悅的，也是一個完成的喜悅。
- ◆ **修道士與設計師**：出資者與設計者。設計師黃色衣服代表充滿期待，而修道士咖啡色衣服代表落實的檢查，與工匠各司其職。代表團隊合作良好，也代表目前正在確認狀態如何。

正位特質：團結合作各司其職

正位圖像全面解析─────────────

這個修道士為了要把他的修道院建起來，他找了設計師及工匠一起來建造這個建築物，而現在優秀的工匠已經初步的將這個修道院的外觀建好了，雖然還沒將顏色完全塗上，也還沒全部蓋好，不過為求正確，所以他們正在進行整體上的確認。

這個團隊中每個人都各司其職，把自己最擅長的一面展現出來，這一切都看起來是十分的正向。

參考關鍵字 ─────────────

才能的肯定、團隊合作、初步完成、確認狀況。

◉ 切割上下重心在上
- ♦ **木椅**：木椅變成重點，工匠沒有木椅就無法做事，就是能力不足。
- ♦ **柱子雕飾**：變成火元素向上揚升的力道小，而水元素個人情感的私欲變大，以個人私欲為主團隊，自然無法正常運作。

◉ 萬有引力關鍵掉落
- ♦ **人**：任何一個人掉落都代表原本團隊分裂，也表示團隊出問題。

◉ 建築崩毀訊息消失
- ♦ **建築物**：代表工匠能力不好，建起來的建築物崩解了。

逆位特質：不重團結各自為政

逆位圖像全面解析 ───────────

現在發現，這個工匠其實能力不好，他所建出來的建築物是個很容易就垮掉的建築物。

這樣的狀況只會讓修道士與設計師對他感到失望，這也表示他們找錯工匠了，無可奈何之下只好匆匆結束這個合作，各自離開不再團隊合作了。而這個工匠，也因此慢慢在建築業界得到才能不好的評價。

參考關鍵字 ───────────

才能不受肯定、錯誤的行為、分裂的團隊各自行事、能力不足。

金幣四

Four of Pentacles

正位圖像細節解析

- ♦ **頭上金幣**：滿腦子都是物質的想法。
- ♦ **皇冠**：有一定的身分與地位。
- ♦ **手握金幣**：遮住胸口也代表封閉內心，不願與外接觸。
- ♦ **手姿**：形成太極符號，表示想要不斷的錢滾錢來賺錢。
- ♦ **腳踩金幣**：怕錢跑掉，守財奴的特性。
- ♦ **衣服**：紅色代表熱情，但黑色披風與藍色裙襬都代表不願意行
  動。

- ♦ **石椅**：固執的想法與態度。
- ♦ **城市**：城主所擁有的地盤，也代表目前是擁有的，但還不滿足。

正位特質：堅持己見不願敞開

正位圖像全面解析

這一個城主其實已經擁有許多領地，看到他後面那些房子就知道，他是多麼有身分與地位的人。但他擁有了那麼多的財富，他還是不滿足，他的腦袋上就像是頂著一個錢幣一樣，不斷的想著賺錢這件事。

而手中的錢幣也把他的心房封鎖了，代表除了錢之外，再也沒有其他的事情能引起他的注意。但想歸想，他又很怕投資會賠錢，那麼小氣的他就變成了只能停在當下變成守財奴了。

參考關鍵字

小氣、守財奴、封閉內心、堅持己見、獲利但不滿足。

逆位圖像細節解析

◉ 切割上下重心在上
- ♦ **腳踩金幣**：還是想以物質世界為主，但因為腳踩不穩，可能會失去。

◉ 萬有引力關鍵掉落
- ♦ **頭上金幣**：想賺錢但卻失去了想法，也表示沒有賺錢的方法。
- ♦ **黑色斗篷**：掉落後紅色行動力出現，但配合上其他失去物質的

訊息，可以說是開始投資但卻失利的狀況。

♦ **皇冠**：失去原本所擁有的榮耀與物質。

◉ **建築崩毀訊息消失**

♦ **城市**：失去目前所擁有的。

♦ **石椅**：無法再堅持己見。

逆位特質：失去擁有無法堅持

逆位圖像全面解析 ————————————

現在這個城主開始行動了，只是他的想法與行動可能落差極大，所以他所作的投資不只是失敗，甚至是連他原本擁有的房子都賠進去了。

在這樣的狀況下，就算他想要再努力的把錢賺回來，卻也無法可想。除了賺不到更多的錢之外，連要守財都守不住，可以說是賠了夫人又折兵。

參考關鍵字 ————————————

投資失利、想守財但無法如願、無法堅持己見。

金幣五

Five of Pentacles

正位圖像細節解析

♦ **彩繪玻璃**：教堂，也是指向避難所，一個可以逃避災難的地方。

♦ **右邊的人**：全身縮緊代表寒冷，紅色頭巾表示很有行動力的在前進，下半身綠色的裙子，則是代表他想要與這個糟糕的環境保持距離，從他沒穿鞋子看來，應該是個飢寒交迫的狀態。

♦ **左邊的人**：兩眼無神（其實是眼盲了），帶著拐杖代表是個受傷的人，藍色冷靜的外在表現，但內在其實是想要遠離這個痛苦地方的綠色。身上有鈴鐺本來代表要放在夥伴身上，讓他可

以聽音辨位，但因為混亂而放錯到自己身上，也表示現在非常混亂的狀態。

♦ **背景**：大雪紛飛的夜晚，也表示目前的外在環境是十分嚴峻的。

♦ **兩個人**：往同一個方向前進，表示想要逃離目前的狀態，極少部分的時候會講成共患難。

正位特質：現況嚴重倉皇逃離

正位圖像全面解析

在一個大雪紛飛的夜晚，兩個衣衫襤褸的人正在充滿了積雪的地方上快速逃亡。對他們來說，現在的他們本身狀況就已經很不好，再加上外在環境又讓他們陷入了更糟的狀況當中，他們急著想要找個避難所躲避這些災難。

但卻因為太過於混亂，而忽略了其實在他們的身後就有一個教堂，可以做為他們的避難所，在這樣極度混亂的狀況下就錯過了這個機會。

參考關鍵字

逃避現狀、倉惶不安、挫敗的心情、混亂的狀態。

逆位圖像細節解析

◉ **切割上下重心在上**

♦ **雪**：在上方代表人被雪掩蓋，事情發展變得更嚴重。

♦ **受傷及赤腳**：踏在雪裡更加痛苦，代表狀況更加令人感到痛苦。

◉ **萬有引力關鍵掉落**

♦ **人**：往下掉落代表想要逃離這個環境，屬於敗走的狀態。

◉ **建築崩毀訊息消失**

♦ **教堂**：連避難所都消失了，代表事情變成更嚴重。

逆位特質：深受打擊無法逃離

逆位圖像全面解析

現在這兩個人已經被雪從上而下覆蓋了，他們已經無法逃脫出這個危機，而且代表避難所的教堂也已經崩解，就算他們逃出了被雪淹沒的危機，也找不到任何可以避難的場所。

對他們來說已經沒有比這還更糟的情形了。

參考關鍵字

逃亡、逃避目前的狀況、比正位還嚴重的運勢、逃不出災難。

金幣六

Six of Pentacles

正位圖像細節解析 —————————

- ♦ **金幣**：掛在天空中，這邊沒有太多的意涵，只是代表金幣六。
- ♦ **紅色帽子**：代表腦筋運轉的很好。
- ♦ **橘色衣服**：內裡為白色條紋，表示單純的去與他人之間互動（橘色代表臍輪）。
- ♦ **天秤**：衡量事情的輕重，也可以指向商人的特質。
- ♦ **紅色鞋子**：主動的付出，而非被動的給予。
- ♦ **兩個跪著的人**：一起看成貧窮人，也是被施予者。

- ♦ **右後方城堡**：富人的家，代表這是一個有錢人的施捨。
- ♦ **綠草叢**：許多事情正在持續增長、成長中。

正位特質：主動付出量力而為

正位圖像全面解析

一個有錢的商人，在他家附近看到了兩個可憐的窮人，他們現在陷入需要被幫助的情況中。他們向這個商人祈求幫助，而這個商人在經過思索後，主動的付出他可以付出的幫助，他並沒有將全部身家都給予，而是量力而為。

這些幫助也許不多，但至少也是可以讓這兩個窮人獲得幫助，這個付出相信商人也是感到喜悅的。

參考關鍵字

施捨（為主要訊息）、被施捨（較弱）、經過思考衡量後的贈與。

逆位圖像細節解析

- ◉ **切割上下重心在上**
- ♦ **窮人**：以窮人為主，代表個案是需要被幫助者。
- ◉ **萬有引力關鍵掉落**
- ♦ **施捨的錢**：從窮人掉到富人身上，表示是不公平的行為，甚至可以說是被搶奪。
- ♦ **天秤**：逆位呈現歪斜，也表示不公平，泛指商人所拿的金錢是不公平的行為與方法，甚至有欺騙的可能。

◆ **帽子掉落**：沒有太多想法，也表示是沒有仔細思考後的行為。

◉ **草木顛倒枯萎貧瘠**

◆ **草叢**：許多事情再也沒有機會存在，因為錢已經被騙走。

◉ **建築崩毀訊息消失**

◆ **城堡**：失去目前所擁有的一切。

逆位特質：偷拐搶騙奸詐取巧

逆位圖像全面解析

現在，狡詐的商人他心中的天秤已經歪斜，這代表他的心思已經不再公正，他用盡方法把窮人手中剩下的錢通通騙走，這樣的行為是卑劣的。

而可憐的窮人則是因為這樣而感到被欺騙，這種欺騙的手法就讓窮人失去了所有的一切。

參考關鍵字

為達到目的而使用計謀、騙取、不正當的獲得、被欺騙。

金幣七

Seven of Pentacles

正位圖像細節解析

- **樹上金幣**：成長豐收的狀況。
- **地上金幣**：採收下來的收穫物。
- **下巴靠鋤頭**：停止工作，正在思考。
- **衣服**：綠色代表保持距離，也表示還沒有進行下一個行動，黃色內裡則是代表喜悅、豐收的特質。
- **鋤頭**：插進土裡代表暫時沒有行動。
- **樹叢有咖啡色**：表示有些枯萎的狀況出現，也暗示必須做選擇

是否要將金幣摘下。

正位特質：已有收穫謹慎思索

正位圖像全面解析

這個辛勤的農夫，他努力的耕耘終於在現在有了一些不錯的收成，他嘗試將其中一個金幣收成下來檢視，並且將鋤頭先插入土裡仔細思考，對他來說到底是要將剩下的全部收成，還是再等一陣子，也許這些收穫會長得更多？

現在的思索對他來說是很重要的，因為這事關他接下來到底該怎麼做，所以不得不仔細思考。

參考關鍵字

思索方向、規劃一個行動、一個小收成、一個階段性的完成（準備開始下階段）。

逆位圖像細節解析

● **切割上下重心在上**
◆ **鋤頭**：插進土裡的暫時停止行動，被擴大解釋成停滯不前。
◆ **地上金幣**：以現有收穫的為主，不再看顧未收成的，指向不去思考未來。
● **萬有引力關鍵掉落**
◆ **地上金幣**：掉落代表失去即將獲得的收穫。
● **草木顛倒枯萎貧瘠**

♦ **樹叢**：枯萎也表示那些還沒收成的失去了，就像投資失利一樣。

逆位特質：過度謹慎反而失去

逆位圖像全面解析 ——————————————————————————

這個人猶豫太久了，這樣子的停滯將會讓許多機會——的喪失。

那些樹叢的金幣，因為拖延時間太久都枯萎掉落，這就代表之前對他有利的機會，以及可以收成的都失去，也許該歸類於他太過於小心及想太多吧，所以現在的他不只不敢前進，也讓原本的努力全部都白費了。

參考關鍵字 ——————————————————————————

錯誤的投資、失去即將獲得的、找不到方向、遲疑不行動。

金幣八

Eight of Pentacles

正位圖像細節解析

- ♦ **木板上金幣**：已經完成的成品。
- ♦ **製作中金幣**：正在努力運作中的過程。
- ♦ **地上的金幣**：還未到達的階段。
- ♦ **木椅**：工作的地方。
- ♦ **工作者**：專注的工作，努力不懈。
- ♦ **黑色防塵布**：施作者已經做很久了，防塵布已經沾滿灰塵，代表已經是專家。

- ♦ **衣服**：藍色代表冷靜的製作。
- ♦ **褲子**：有行動力的前進。
- ♦ **鞋子**：咖啡色代表落實的態度。
- ♦ **鐵鎚跟鑿釘**：工具，也表示施作者懂得運用工具來讓事情完成。
- ♦ **城堡**：八枚金幣完成後就可以送往城堡換取物資，也代表終點。

正位特質：專心一致逐步向前

正位圖像全面解析──────────────

這個工作者相當的認真，他一步一腳印的將他的作品一一完成。完成的就先釘在木板上面，對他來說，現在就是要專注的把手邊的工作做好，等到所有的作品都做完後，就可以將這些作品拿到遠方的城堡去換錢。

看他專注的在工作，以及他的防塵布已經都磨到變黑色了，這表示他已經在這行做了很久，他的技術一定是一流的。

參考關鍵字 ──────────────────

專注的、穩定的前進、有技能的、有成果但未全部收成。

逆位圖像細節解析 ────────────────

- ◉ **切割上下重心在上**
- ♦ **地上的金幣**：很重視未完成的訊息，也表示未到最後可以將金幣帶去城堡的階段。
- ◉ **萬有引力關鍵掉落**

♦ **人**：從椅子上掉下來代表坐不住椅子，也表示想離開這個位置。

♦ **鐵鎚與鑿釘**：技術不好讓工具都飛掉。

◉ **建築崩毀訊息消失**

♦ **城堡**：就算東西做好也沒地方送，表示無法完成的狀態。

逆位特質：能力不足無法成就

逆位圖像全面解析

這個人現在連他的椅子都坐不太住，這就像是沒有辦法專注的做目前的工作一般。也因為他沒有專注的工作，他的鐵槌跟鑿釘一不小心就會飛走。

這樣的不專注，將會為他的工作帶來相當程度的失敗，也表示他只是個技術不好的人，無法專注的把手中的工作做好，自然也就往失敗的方向前進。

參考關鍵字

技能不足、無法專心工作、想換工作、未達到可進行的階段。

金幣九

Nine of Pentacles

正位圖像細節解析

- ♦ **衣服**：寬鬆衣服當中的花朵，代表女性象徵，寬鬆的衣服也有懷孕的意思。
- ♦ **帽子**：紅色帽子，代表有在思考整體狀況。
- ♦ **葡萄藤圍籬**：用物質將人困在一個世界，與外界隔離。
- ♦ **金幣**：手放在金幣上，代表物質享受。
- ♦ **遠方的山與樹木**：被隔絕的外面世界。
- ♦ **隼**：頭罩罩住頭代表眷養，可以享受物質卻失去自由，也代表

野性的欲望是被控制住，不再嚮往外界。

◆ **蝸牛**：為了可以隨時回家，寧可犧牲行動力。

◆ **背景**：黃色背景，仍代表有豐盛的享樂意思。

◆ **城堡**：與他人之間隔離，也表示犧牲自己的自由換取享樂。

正位特質：為求享受犧牲自由

正位圖像全面解析

這個人現在為了享受，而將自己關到葡萄園裡，這就像是他手上的隼被套住頭眷養一樣，雖然這裡是相當的豐富，他可以盡情的享受一切，但這也讓他與外界有所隔離，就像是有些人為了享受美好的物質享受，而願意拿自己的自由或愛情來交換一樣。

雖然在這裡面可以享受物質上的美好，但他的心是否是愉快的？這就不得而知了。

參考關鍵字

物質享樂、為了達到收獲必須犧牲（愛情、自由）、自我享受但與外界隔離。

逆位圖像細節解析

◉ 萬有引力關鍵掉落

◆ **蝸牛**：掉落就無法繼續往葡萄藤前進，就成了失敗者。

◆ **金幣**：失去物質享受的機會，不過可以看到有一枚金幣是被捧住的，所以只是減少享受而非全然失去。

◆ **隼**：頭罩掉落讓隼重見天日，為了自由飛翔而選擇放棄享受。

♦ **帽子**：不再思考關於享樂與自由的問題，離開原地。

◉ **草木顛倒枯萎貧瘠**

♦ **葡萄藤架**：享樂的訊息消失，同時間阻隔與外界的隔閡也消失了，也有機率代表是小產。

◉ **建築崩毀訊息消失**

♦ **城堡**：不必再在乎他人的想法，自由自在地做自己。

逆位特質：為求自由放棄享樂

逆位圖像全面解析

代表隔離的葡萄藤架現在垮掉了，這也代表原本束縛住的一切都掙脫，雖然可以享受的層面減少許多，但至少現在他是變成自由的，就像隼的頭套掉落，他已經可以看到外面的世界，自由自在的翱翔，讓隼不會想再回到被束縛的階段。

就物質層面來說，看起來這個人的物質失去許多，甚至可以說是不足**夠**的狀況，但至少精神層面可以有較愉快的享受。

參考關鍵字

失去成功的可能、物質享樂但訊息較弱、為了自由犧牲物質。

金幣十

Ten of Pentacles

正位圖像細節解析

- ♦ **金幣**：排成卡巴拉生命之樹，代表一個完整的旅程結束。
- ♦ **拱門**：可看到有旗幟與壁畫，代表這是一個有成就者的居住所。
- ♦ **老人**：衣服有葡萄及華麗的裝飾，代表這是一個事業有成就的人。
- ♦ **年輕男生**：手中拿矛代表守護老人，也意指守護既有的一切。
- ♦ **男女**：一起對話代表一個交流與溝通的狀態，小孩依偎在母親身旁，展現出家庭的特質。

- ♦ **小狗**：隨從者，也藉由寵物連結整個家庭的關係是緊密的。
- ♦ **人群**：三代同堂，也表示這是比較偏向傳統家庭模式。
- ♦ **遠方城牆**：代表這是在一個安全的地方，一個被守護的場所。

正位特質：雖已成功但仍守護

正位圖像全面解析

這個老人在年輕時付出相當多的努力，如今他功成名就，並且擁有一個美好的家庭。

他坐在家中，還有他的兒子守護著他，看到兒子與媳婦的交流，也看到孫子與小狗愉悅的相處，這一切都是美好的感受，老人與小狗互動，似乎對於這一切都感到相當的滿足，這個家庭看起來和樂融融。

參考關鍵字

物質的獲得、成功的狀況、和諧的家庭、守護既有的。

逆位圖像細節解析

◉ 切割上下重心在上
- ♦ **小狗**：老人接觸小狗，即是代表財務(老人)有錯誤資訊(小狗)的狀態。
- ♦ **老人**：以物質及成就為主，太重視這塊反而讓家庭少了親情。

◉ 萬有引力關鍵掉落
- ♦ **老人**：失去擁有的物質或成就。

- ♦ **小狗**：家中人與人之間的關聯消失，藉此意指關係出現問題。
- ♦ **矛**：無法守護既有的。
- ♦ **人**：任何人掉落都代表家中關係出現問題。
- ◉ **建築崩毀訊息消失**
- ♦ **拱門**：過去所得到的榮耀與物質都消失。
- ♦ **城牆**：守護的力量消失，表示無法守護。

逆位特質：注意投資小心失去

逆位圖像全面解析

這個家庭現在因為許多錯誤的訊息存在，開始出現不好的關係。也許是其中任何一個人的離開而不願意再溝通，或是原本代表成就的房子倒榻，這樣的狀況都讓整個家庭出現了危機。

甚至因為現在以小狗的邏輯思考為土，代表財富及成就的老人與小狗的互動，就成了財富有錯誤資訊的投資，接下來將會有極高的機會出現財務危機。

參考關鍵字

失去物質的可能、冒險的投資、無法守成、家中關係有問題。

宮廷牌

───── ☾ ─────

宮廷牌十分重視人格特質，因此思考這個人有怎麼樣的行為，就是解牌的關鍵點。我會嘗試用不同的人格特質來帶領各位朋友，了解宮廷牌的解析方式。可以將宮廷牌的人格特質融入解牌中，這樣解牌會更多元化。

聖杯侍者

Page of Cups

人格聯想：國小學生／幼稚的愛

在情感層面上像個小孩子一樣，內心喜歡你，卻故意展現出跟你作對的狀況。

外表不在乎，實際上內心卻是非常的專注，腦子裡永遠會有許多新鮮有趣的想法，為了要引起對方的注意，就會想辦法做一些惡作劇的行為來吸引對方的注視。

輕鬆的態度、專注的對待、年輕不穩定的特質、小小惡作劇。

正位圖像細節解析

- **帽子**：像海浪一樣的特質，看似波動不定，但實際上當中仍有他的重點存在（珍珠），藉此顯示侍者在腦子中常有許多奇怪不穩定的想法，或稱之為惡作劇的念頭。
- **手插腰**：很有自己的想法，比較有自信。
- **腳姿勢**：看似不在乎、隨興的站姿，表現出外在沒有相當注重態度。
- **聖杯中的魚**：代表創意，也表示侍者所作所為是很有創意的想法。
- **衣服**：紅色花朵代表行事作風直接、有行動力。
- **內裡**：紅色內裡衣褲表示侍者行動力強。
- **鞋子**：黃色鞋了，也表示他的行事作風較喜歡愉悅快樂的模式。
- **背景**：人工建造的堤防，代表他仍在既有的規範當中，不會過度脫序，後方的海浪波濤洶湧就像他的帽子一般，是帶有變化的情感。

宮
廷
牌

(235)

逆位參考牌義

惡作劇過火、自私、不願意付出、虛情假意。

逆位圖像細節解析

◉ **切割上下重心在上**
- **鞋子**：太在乎自己的期待，忽略了他人的感受，也不願意付出。

♦ **海水**：失控的情緒，讓侍者的表達方式會比較誇大。

◉ **萬有引力關鍵掉落**

♦ **魚掉落**：失去了創意，行事作風僵硬，沒有太多變化。

♦ **帽子掉落**：失去原有的想法，甚至這些想法都變成沒有重心（珍珠失去），這樣讓侍者的行為因為沒有主軸，而變成漫無目的的行為。

♦ **聖杯中的水**：水的掉落讓侍者變成沒有情感的人，就算外在有行為，但內心其實是空泛的，一個虛情假意的狀態。

◉ **建築崩毀訊息消失**

♦ **堤防**：原本有堤防作為一個規範，不至於失控的界線，但失去後變成所作所為都失控，惡作劇也容易變成過火，行為都無法控制。

聖杯騎士

Knight of Cups

人格聯想：高中學生／忠貞的愛

在情感層面上較為成熟，十分注重表達自我魅力的特質，希望可以藉由他人的肯定，來讓自己覺得自己的所作所為是正確的。

因此在表達的過程中難免會有點浮誇，也喜歡讓他人覺得自己是個很重情感的白馬王子。

正位參考牌義

認真的對待、專注的面對、穩定的前進、白馬王子的出現、有才藝及想像力的。

正位圖像細節解析

- ♦ **翅膀**：代表飛翔前進，在頭盔上，代表腦袋是努力的思索如何讓狀況往前，在腳上也表示有真的認真在執行向前的行為。
- ♦ **手持聖杯**：身體筆直、手端正的拿，表示出專注面對且認真的態度。
- ♦ **手握韁繩**：控制情感與相處模式，不至於過度失控。
- ♦ **衣服**：紅色魚跳躍出海面，表示創意經由行動力完整的呈現出來，將這樣的創意放在身上，即是代表相當重視如何將想法與創意展現在自己身上，讓周遭的人看到自己的魅力與特質。
- ♦ **白馬**：穩定踏實的前進，也表示騎士做事穩定不急躁。
- ♦ **背景**：潺潺細流，表示出騎士的情感並非波濤洶湧，是一個持之以恆並且可以穩定釋放，藉此去讓人感受到他的情感。
- ♦ **綠色草地**：持續成長滋養的狀況。

逆位參考牌義

不願意付出、過度注重表面、花心、不好的一個邀請、逃避情感（或事情）。

逆位圖像細節解析

- ◉ **切割上下重心在上**
- ♦ **河流**：越流越小，代表情感逐漸喪失。

- ◆ **白馬**：白馬持續前進，但配合其他組合，會變成持續追求但是沒情感的狀態，也表示只是重視相處的前進，但並沒有真實情感存在。
- ◆ **腳的翅膀**：持續前進，但配合情感流失，則是轉為離開情感或是沒感情的前進。

◉ **萬有引力關鍵掉落**

- ◆ **聖杯**：水流失也表示沒有情感，但騎士仍是看著杯子，可說成表面的在乎，但實際上沒情感（重視表面展現）。
- ◆ **頭盔**：對於情感沒有專注想要前進的意思（沒認真思考前進一事）。
- ◆ **馬上摔下**：不願意面對情感，想逃離這件事。

聖杯皇后

Queen of Cups

人格聯想：成年人／表現的愛

在情感層面上已經成熟了，像是已經出社會的社會人，這時的愛很重視如何展現出來給更多人看到，希望是可以被大家所稱讚及羨慕的，因此難免會有過多的期待，對於愛情也小心翼翼的呵護。

畢竟出了社會，外在的誘惑更多，所以會有更加強守護愛情的

想法存在。

正位參考牌義

專注的對待、關懷、詩情畫意、溫暖的心、溫柔的母愛。

正位圖像細節解析

◆ **皇冠**：許多的圓形雕飾，表示皇后充滿了美好圓滿的想法。

◆ **衣服**：純潔冷靜的心（衣服），再輔以浪漫的表現（海浪披風）來執行一切。

◆ **聖杯**：華麗有蓋的聖杯，蓋子代表守護不讓情感流失（阻止蒸發），也因為看不到裡面的水（情感），增添許多的想像空間。華麗代表展現，聖杯旁有天使代表祈禱，也是期待的意思。

◆ **皇后眼神**：專注的看著聖杯，也代表重視這些情感的展現。

◆ **腳底下鵝卵石**：經過磨練過後的表現方式，也是一個溫和不尖銳的態度。

◆ **石椅**：下方小孩子代表皇后是有母愛的，上方兩個小人魚靠在貝殼形象的椅背上代表守護的意思，也可以指向母愛的特質。

◆ **海與岸**：接近到內心情感的位置，海波浪是從陸地蔓延過去的，也表示現實層面的行為，慢慢的蔓延到內心的感受面。

逆位參考牌義

濫情、忌妒的感覺、過度夢幻不切實際、不再守護。

逆位圖像細節解析

◉ **切割上下重心在上**

◆ **鵝卵石**：過度追求溫和的呈現，已超越現實真實的訊息。

◆ **海與岸**：過度重視現實訊息，並放大到內心的感受。

◉ **萬有引力關鍵掉落**

◆ **聖杯**：水從杯底流到杯蓋，用滿到杯蓋的假象來代表情感滿溢。

◆ **鵝卵石** ：如同用石頭砸人，表示忌妒的情緒。

◉ **建築崩毀訊息消失**

◆ **石椅**：崩解也代表不再守護，也不再去在意及關心情感與創意。

聖杯國王

King of Cups

人格聯想：熟年人／成熟的愛

在情感層面上相當成熟，知道這段愛情仍掌控在自己手中後，就不會刻意要天天黏在一起。會把重心放在更多其他該重視的事情上，甚至可以說是努力展現自己的工作能力。

看似沒有很在乎情感，但其實這樣做都只是為了賺錢，讓家可以得到更好的照顧，所以稱為熟年的愛。

正位參考牌義

廣闊的心、才藝、顧家的人、有領導能力。

正位圖像細節解析

- ◆ **皇冠**：紅色皇冠代表有行動力的腦袋，黃色則是豐盛的想法。
- ◆ **魚項鍊**：黃金魚代表創意達到最高境界，而且可以真實展現。
- ◆ **衣服**：藍衣綠袍代表懂得用心（心輪）溝通（喉輪）。
- ◆ **手握權杖**：代表可以掌控所有的一切。
- ◆ **手持聖杯**：掌控及擁有愛情。
- ◆ **不注視聖杯**：不沉溺於情感的互動當中。
- ◆ **海浪**：波濤洶湧，但自己可以在這當中用自己的規範（石椅），不受情感影響。
- ◆ **左後魚與右後船**：創意想法（魚）浮出潛意識（海），而可以形成真實的成果（船）。
- ◆ **腳**：綠色代表保持距離，也不真實踏入水中，表示擁有情感但不會過度沉溺於其中。

逆位參考牌義

意氣用事、不願意面對現實、才能不好、不在乎情感的狀態。

逆位圖像細節解析

- ◉ **切割上下重心在上**
- ◆ **海浪**：波套洶湧的情緒已經成為在乎的重點，成為情緒起伏太大的狀況。
- ◆ **魚與船與海**：海已經淹蓋過魚與船，表示創意展現不出來。能

力也不足，讓創造出來的船又淹沒了。

● **萬有引力關鍵掉落**

♦ **聖杯**：水掉落也表示情感層面薄弱，配合不看聖杯就變成不在乎。

♦ **權杖掉落**：無法掌控所有的一切，讓情感支配一切。

♦ **海水**：整個淹蓋而下，亦代表被情感沖昏了頭。

♦ **皇冠掉落**：沒有能力可以展現才能。

♦ **魚項鍊**：代表才能顯化，能力已經失去。

● **建築崩毀訊息消失**

♦ **石椅**：崩解後人就掉入海裡，變成被情感淹沒，原本可以創造實像的能力也都失去。

權杖侍者

Page of Wands

人格聯想：學生時期

在行動力與方向的層面上，屬於年輕學生的情形，對於教授所傳達的訊息會相當專注的學習，也因為自己本身學識能力不強，因此就會展現出認真專注的態度，並期待教授可以給予更多的知識，這樣的等待著。

正位參考牌義

專注的期待、一個訊息的到來、認真的學習、有成長性的可能。

正位圖像細節解析

- ♦ **帽子**：橘色帽子代表腦袋，很重視與他人之間的互動（臍輪），期待可以吸收更多的資訊。紅色羽毛則是代表全新的象徵（火鳳凰的羽毛），可聯想到愚人的全新腦袋，以新視野看待接下來的訊息。
- ♦ **披風**：綠色披風，代表用心感受（心輪）一切。
- ♦ **衣服**：上面有火蜥蜴代表行動力，是火元素的象徵。
- ♦ **鞋子**：綠色代表用心一步一腳印，翻皮裝飾類似火的圖像，也表示有行動力落實一切。
- ♦ **雙手握權杖**：將權杖舉起離地，代表還未將行動力真實的落實，但有小心翼翼的準備行動力與方向。
- ♦ **眼神**：專注的看著方向，與期待更多的方向出現。
- ♦ **背景**：金字塔代表人造建築，表示重視周遭人的期許。

逆位參考牌義

自以為是、過度等待反而失去該做的事、能力不受肯定。

逆位圖像細節解析

- ◉ **切割上下重心在上**
- ♦ **權杖**：離地凸顯出沒有將行動力落實，也表示沒有行動力的狀態。
- ◉ **萬有引力關鍵掉落**

♦ **帽子**：不再願意與他人相處，可以說是不願意向他人學習的狀態。

♦ **權杖**：失去動力或不再專注的面對。

◉ **建築崩毀訊息消失**

♦ **金字塔**：不再在乎他人的觀感，以自己為主。

權杖騎士

Knight of Wands

剛出社會的新鮮人，對於所有的事情都展現出高度的學習力，也很願意展現自己的才能，期待能夠被看重，因此在面對學習時也是積極主動的特質，面對到挑戰會展現出較大的毅力去面對。

行動力是屬於暴衝的一個狀況，有時候難免會有失控的狀態，

但至少就是展現出堅強的戰鬥力，不會輕易放棄。

快速的前進、勇敢的面對、有行動力的、有毅力的面對目標。

正位圖像細節解析 ────────────────

- ◆ **權杖**：宮廷牌中唯一短權杖，也表示重視行動力與戰鬥力，是屬於有目標就勇往直前，而不容易受到牽絆的特質。
- ◆ **盔甲**：除了是可以有更強的毅力面對挑戰外，頭上紅鬃毛也代表腦筋運轉得很快，是個可以快速思考的模式。而手肘也有紅色裝飾，如同火焰一樣，有快速執行的意涵。
- ◆ **手姿**：握韁繩代表控制行動力控制得很好。
- ◆ **馬**：準備躍進的動作，代表騎士可以一瞬間的快速前進。
- ◆ **金字塔**：仍有在乎他人的感覺，但相對於侍者已經降低許多。
- ◆ **衣服**：火蜥蜴代表行動力，是火元素的象徵，後方衣服有點破裂，表示已經經歷過一些戰役，但仍繼續奮勇向前，代表堅持不懈。
- ◆ **韁繩**：綠色葉子也代表生生不息的力量，代表掌控力持續存在不會喪失。

逆位參考牌義 ────────────────

過度行動忘記計畫、沒有行動力、急躁、失敗無法再前進。

逆位圖像細節解析 ────────────────

◉ **切割上下重心在上**

♦ **馬**：躍進的動作變成過度前進，會讓一些行事變得過度急躁的狀態。

♦ **衣服**：破碎衣服也表示受到很大的傷害，意指傷害及失敗的模式。

◉ **萬有引力關鍵掉落**

♦ **人掉落**：從馬上摔落代表失敗了，接下來只能停在當下無法前進。

♦ **權杖掉落**：失去行動力與戰鬥的工具，也代表無法前進。

◉ **建築崩毀訊息消失**

♦ **金字塔**：不再在乎他人的觀感，以自己為主。

權杖皇后

Queen of Wands

人格聯想：社會老練工作者時期————————————

已經可以把工作做得駕輕就熟，除了可以把自己的工作做得很好之外，也可以去關心後進晚輩，會仔細的觀察到細小的狀況並給予協助，是屬於一個會關心關懷的前輩。

但也因為不是主管階級，所以沒有受過向下管理的技巧，在給予建議時會比較容易只是直接的說法，而沒有考量到晚輩的感

受，不過這個前輩並非是惡意的。

正位參考牌義

熱情的、友愛的、願意付出關懷、直言不諱。

正位圖像細節解析

- ♦ **皇冠**：上有綠色葉子，代表想法持續的成長。
- ♦ **衣服**：橘色代表很重視與他人之間的互動，披上白色披風代表單純的行為。
- ♦ **衣扣**：紅色衣扣代表熱情的執行。
- ♦ **權杖**：放在地基上，表示他的行動力還是以自己份內事情為主。
- ♦ **向日葵**：關心、熱情的象徵，也表示皇后會去關懷他人。
- ♦ **石椅**：火元素的象徵，後方獅子是橘紅色的，如同炙熱的火焰，也表示態度較為直接不隱諱，有時候的直接可能會傷害到他人。
- ♦ **黑貓**：靈敏的象徵，也代表會去關心那些他人較陰暗的層面。
- ♦ **金字塔**：已經離皇后很遠，表示比較不在乎他人的感受，做事情比較是想做什麼就做什麼的態度。

逆位參考牌義

暴躁不安、情緒失控、有計謀的進行、失去活力。

逆位圖像細節解析

- ◉ **切割上下重心在上**

♦ **黑貓**：重視自己內在的黑暗面，也表示做事是有內心計謀的。

♦ **石泥地**：將代表行動力的權杖放在上面，只在乎自己希望的那塊領域，不在乎他人的感覺。

♦ **石椅的獅子**：強烈表現出獅子的火元素霸氣，指向情緒的暴躁。

◉ **萬有引力關鍵掉落**

♦ **黑貓**：不去仔細觀察他人的陰暗面，也指向不在乎他人的難過。

♦ **權杖**：不想前進，也不想對於自己的事情有任何的行動。

◉ **草木顛倒枯萎貧瘠**

♦ **向日葵**：不再關懷或關心他人的感受。

◉ **建築崩毀訊息消失**

♦ **石椅**：失去熱情活力，也不再表達情緒，有情緒內藏的陰暗狀況。

權杖國王

King of Wands

人格聯想：上級長官的階段

作為一個長官，需要考慮到的面向會更多，他需要掌控所有的
事情，以及妥善分配所有的工作。因此他就不如皇后般的急躁
及直言，他會有更多的思索，當所有的想法都想清楚之後，再
開始快速佈達所有事情。

他的重心就是要去關心下屬的情況，所以有時候在時間分配上，

會有更多時間在處理下屬的事。

正位參考牌義

熱情、領導能力強、經思考後可快速行動、腳踏實地的。

正位圖像細節解析

- ◆ **皇冠**：金黃色火焰標誌，代表國王的想法是有動力且是最佳的狀態。
- ◆ **衣服**：紅色的衣服代表行動力，但上面有藍色披肩，表示冷靜不會太過急躁。
- ◆ **鞋子**：藍綠色鞋子也代表行事作風有節制，不會太過於熱情。
- ◆ **手握權杖**：將權杖放到地基以外，也表示會把更多重心放在外面的他人身上。
- ◆ **火蜥蜴**：快速前進的意思。
- ◆ **衣服**：火蜥蜴代表行動力，是火元素的象徵。
- ◆ **木椅**：比石椅溫和，黑色獅子也代表燒完的灰燼色，亦指溫和的表達，而非皇后的直來直往。

逆位參考牌義

領導能力差、意氣用事、盲目、任性、散漫沒動力。

逆位圖像細節解析

- ◉ **切割上下重心在上**
- ◆ **火蜥蜴**：直來直往，也是很暴衝的意思。

♦ **權杖**：以他人的事為重心，也表示不在乎他人的想法，而會過度的干涉他人行為，亦指任性並且沒有正確的領導能力。

◉ **萬有引力關鍵掉落**

♦ **火蜥蜴**：失去行動力，不再前進。

♦ **藍色披肩**：遮住眼睛讓行動看不清楚，變成盲目的狀態。

◉ **建築崩毀訊息消失**

♦ **木椅**：不再溫和對待，而是情緒完整展現出來。

寶劍侍者

Page of Swords

人格聯想：偵查兵

本身沒有太多的戰力，但擅長運用自己的智慧與觀察力了解敵人的狀況。

藉由自己的敏銳觀察了解所有的情形，雖然並不能馬上解決問題，但至少在協助分析上有很多的幫助。是個雖然能力不到最好，卻可以把自己能力充分發揮的特質。

敏銳的觀察、清楚的了解狀況、充分掌握資訊。

正位圖像細節解析

- **寶劍**：放在頭旁邊，代表運用智慧去觀察一切。
- **頭髮**：束起來讓自己在觀察時不會被頭髮卡住，導致判斷力出錯。
- **衣服**：紫色代表智慧，也代表展現智慧的能力。
- **內裡**：黃色的內裡代表內心是充滿喜悅的，因為他可以清楚知道所有的一切，也可以得到他想要的訊息。
- **鞋子**：褐色鞋子，表示有落實的執行。
- **山丘**：居高臨下也表示佔盡地利，可以看得更清楚。
- **雲**：遮蔽物，雲的多寡代表可以看清楚的狀況如何，侍者還是有部分被遮蔽，但至少 10 隻鳥都可以看清楚，代表該看清楚的訊息還是看得到，只是也許不夠全面性。
- **樹木**：風吹的狀態，也是智慧想法運作的模式，一般比較少解。

逆位參考牌義

錯誤資訊太多、不了解狀況、錯估情勢。

逆位圖像細節解析

◉ 切割上下重心在上

- **山丘**：現在人在山丘下方，代表居下臨上，會看不清楚所有的資訊。
- **上半部的雲**：大多的雲遮蔽住，讓侍者看不清楚事情的狀態。

● **萬有引力關鍵掉落**

◆ **寶劍掉落**：腦袋旁的智慧消失，也表示無法判斷資訊對錯，可能會收集到很多錯誤的資訊。

寶劍騎士

Knight of Swords

人格聯想：大將軍

一個十分勇猛的將領，可以帶著兵快速前進的將軍，他不是躲在兵後面指揮的，而是帶著兵往前衝的。

他的速度又快又狠，可以快速地想清楚所有的事情，也是一個有相當大破壞力的人，對於想征服的都可以迅速達成。

正位參考牌義

快速的前進、思緒清晰、可快速完成（但不是滿分）、懂得運用能力。

正位圖像細節解析

- ♦ **寶劍**：高舉代表將智慧拉高、放遠，從高處可以看得更廣更遠，一個很重視智慧表現的態度。
- ♦ **白馬**：快速奔跑，代表快速執行，與寶劍一起看就是劍及履及。
- ♦ **頭盔、紅色羽毛**：腦筋運轉得很好，並且像羽毛一樣輕盈。
- ♦ **盔甲**：尖刺代表攻擊力。
- ♦ **披風**：紅色披風代表相當有行動力，已經快速到飄起來了。
- ♦ **雲**：已經是被吹到散開的狀態，藉此表示快速的意思。
- ♦ **右上角的鳥**：已經被吹散、無法穩住的狀態，代表風的速度相當快。
- ♦ **樹木**：風吹的狀態，也是智慧想法運作的模式，一般比較少解。
- ♦ **土地**：一個有坡度斷層的地方，但騎士可以快速跨越，也表示可以輕易的越過挑戰。

逆位參考牌義

盲目行動、逃避問題、不懂得正確的使用方法。

逆位圖像細節解析

- ◉ **切割上下重心在上**
- ♦ **白馬**：以白馬為主，快速前進，但代表智慧的寶劍在下方，也表示不懂得運用智慧前進，很容易有錯誤的方向出現。

◆ **土地**：坡度斷層在上，代表難以跨越的狀態，也表示無法前進。

● **萬有引力關鍵掉落**

◆ **寶劍**：代表沒有智慧與想法，亦或是不懂得運用智慧。

◆ **騎士**：從馬上摔下來，沒有前進的力量，可以說是逃亡的狀態。

寶劍皇后

Queen of Swords

人格聯想：軍師

一個在職業上需要極度理智的人，面對所有的事情都必須要廣收資訊，並以極度中立、理智的態度去分析這些訊息。

為了保持中立，甚至會出現不近人情的態度。為了獲勝，難免會在必要時間犧牲部分成員，以換取最大利益，因此這樣的人很容易被冷漠掛上等號。

冷靜、有智慧、明智的抉擇、黑白分明、較不近人情。

正位圖像細節解析

- ◆ **左手**：歡迎所有的資訊來到身邊。
- ◆ **寶劍**：直立不偏頗，也表示智慧與想法絕對中立。
- ◆ **皇冠**：蝴蝶形狀也表示想法可以飛得非常高，看到更高的視野。
- ◆ **衣服**：藍色衣服代表理智。
- ◆ **披風**：雲朵代表隱藏，外圍橘色代表臍輪（與他人的互動），也表示會主動隱藏自己的情緒，不給他人知道。
- ◆ **石椅**：上有小孩雕刻，表示是個會照顧小孩的人，只是很嚴厲。
- ◆ **左後方流水**：水往下流，也代表皇后會把自己的情感（水）往下壓抑。
- ◆ **衣服像流水狀態**：跟左邊水往下流一樣的概念，也代表皇后會把自己的情感壓抑。
- ◆ **樹木**：風吹的狀態，也是智慧想法運作的模式，一般比較少解。
- ◆ **雲朵**：上半部完全沒雲朵，在極度理智下，沒任何一絲被蒙蔽。
- ◆ **鳥**：只有一隻，也表示因為極度理智所以顯得孤單。
- ◆ **鞋子**：紅色代表行動力，也表示皇后有非常強的執行力。

宮廷牌

(265)

逆位參考牌義

失去理智、妒忌、有破壞性的行為、黑白不分。

逆位圖像細節解析

- ◉ **切割上下重心在上**

- ◆ **雲**：上半部完全遮蔽，也表示已經失去理智完全被蒙蔽。
- ◆ **披風**：原本往下的雲朵披風，在此刻變成向流水般的雲披風，也就是被感情蒙蔽一切。

◉ 萬有引力關鍵掉落
- ◆ **寶劍**：向下斬下，也表示是一個破壞性的切割。
- ◆ **皇冠**：原本可以從很高角度俯瞰一切的能力消失，反而變成沒有太多的智慧與理智可以運用。

◉ 建築崩毀訊息消失
- ◆ **石椅**：不再堅持己見，也不再有呵護小孩的特質。

寶劍國王

King of Swords

人格聯想：君主

一國的統領，面對於所有的事物，他的智慧是相當成熟的，但為了更親近人群，讓人覺得他是個仁民愛物的君主，所以有時候不得不裝笨一點，或是讓一些事情可以有模糊空間。

因此相較於皇后的冷漠，國王就相對的溫和許多。

正位參考牌義

充滿智慧、冷靜分析的能力、懂得面對人群。

正位圖像細節解析

- **皇冠**：雕刻一個天使的造型，也表示他的想法是以仁慈為主。
- **頭巾**：橘色頭巾，代表腦袋偏靠近人群的意思。
- **衣服**：藍色代表冷靜，也表示國王是個冷靜的人，橘色的手袖則是懂得與人親近 (橘色代表臍輪)。
- **披風、紫色**：懂得運用智慧，讓周遭的人看到他的能力。
- **寶劍**：略為傾斜，表示懂得適當的偏頗，讓國王更平易近人 (並非壞事)。
- **左手**：緊握代表掌控，手上有戒指也表示有權力掌控。
- **石椅**：有堅定的想法，但沒有完全做正，亦指堅定的認為可以有些灰色偏頗地帶。
- **雲**：上半部有部分雲朵，這也是國王所允許的部分模糊地帶。
- **鳥**：兩隻鳥，代表親近人群的意思。
- **樹木**：風吹的狀態，也是智慧想法運作的模式，一般比較少解。
- **土地**：有草滋養成長，代表國王相對是溫和的。
- **鞋子**：紅色鞋子，代表國王還是有行動力的。

逆位參考牌義

任意獨斷、失去理智、情緒失控的狀態。

逆位圖像細節解析

- ◉ **切割上下重心在上**

♦ **握緊的手**：掌控的欲望加強，比較喜歡掌控一切。

♦ **雲**：看不清楚的狀況變多，也表示不容易看清事情真相。

◉ **萬有引力關鍵掉落**

♦ **寶劍**：失去理智而任意的傷害他人。

♦ **皇冠**：不再仁慈，行為乖張。

◉ **建築崩毀訊息消失**

♦ **石椅**：不再堅持原本可模糊的狀況，改由失控的情緒取代。

◉ **草木顛倒枯萎貧瘠**

♦ **草地**：枯萎讓許多事情無法持續成長（因為任性而讓事情失敗）。

金幣侍者

Page of Pentacles

人格聯想：業務工作狀態

很重視業績表現，因此每個月必須要專注的將注意力放在如何
獲取更多業績的角度上，需要好好的運用所學，去把所有長官
交辦的事情完成，因此在特質上是屬於有高度專注及持續力在
一件事的。

專注的注視眼前的事、冷靜的對待、穩定的成長、有能力的。

正位圖像細節解析

- ♦ **帽子**：紅色帽子代表腦袋運作得很好，也有想不斷向前的意思。
- ♦ **衣服**：咖啡色代表落實的執行，綠色代表保持距離，也就成了會很努力的去做該做的事，但不會過度失控。咖啡色腰帶的落實也同時控制，不會太過於放鬆。
- ♦ **腳姿**：重心略向前，代表向前的行動。
- ♦ **手捧金幣**：專注的面對，也表示重心都放在該注意的地方。
- ♦ **土地**：有長出小花草，代表在持續成長中。
- ♦ **田地**：佔土地當中的一小塊，也是侍者認真耕耘的成果，不過只是剛開始，所以田地並不豐沃，但也是一個好的開端。
- ♦ **背景**：部分黃色背景，代表有收穫存在。
- ♦ **遠山**：尚有些未知的領域等待開發。

逆位參考牌義

不懂得運用能力、不在乎、只看短利忽視長期、失去所在乎的。

逆位圖像細節解析

- ◉ **切割上下重心在上**
- ♦ **遠山**：許多未知的領域，讓侍者無法了解及突破。
- ♦ **花草及田地**：很重視利益的收穫，忽略長期耕耘的想法。
- ◉ **萬有引力關鍵掉落**
- ♦ **金幣**：掉落後代表不再在乎眼前的事物。

♦ **帽子**：腦袋運轉的不好，不懂得運用智慧去思考。

◉ **草木顛倒枯萎貧瘠**

♦ **花草及田地**：未來不再有成長茁壯的機會，失去所有的可能。

◉ **顏色壓制逆位展現**

♦ **腰帶**：落實性消失，變成沒有真的去做該做的事，也是不在乎。

金幣騎士

Knight of Pentacles

人格聯想：業務主管工作狀態

除了自己手中的業績是每個月必須緊盯的之外，如何帶好下屬也是一個很重要的關鍵，因此除了從既有的方法中找尋方向外，也要嘗試不斷創造出新的創意與想法。

因此在工作上就不能展現出急躁的態度，需要穩定中持續前進的狀態。

正位參考牌義

穩定、踏實、專注的、努力工作、緩慢的前進。

正位圖像細節解析

- **頭盔**：上方有草叢，代表不只是有好的思考能力，更有創造力。
- **手捧金幣**：專注的面對眼前所需要注意的事。
- **衣服**：紅色代表有行動力。
- **坐墊**：咖啡色坐墊，表示落實的執行力。
- **黑馬**：代表穩重的特質，可指向騎士的行事作風，或是他所掌控的員工可以被穩定駕馭。
- **草地**：有一堆被鏟起的雜草，代表他很認真的在做事。
- **田地**：整片的土地已經被開發，而且顏色屬於豐沃的土色，表示騎士前置作業已經做得很好，現在正在持續準備向前進。
- **背景**：黃色背景代表豐盛的收穫。

逆位參考牌義

失去目標、工作狂、停滯不前、感情薄弱。

逆位圖像細節解析

- ◉ **切割上下重心在上**
- **馬腳**：直拉的站著，代表停滯不動。
- **田地**：努力開發，認真工作對於感情毫不在乎。
- **鏟起的雜草**：努力的工作，除了工作外不在乎其他事。
- ◉ **萬有引力關鍵掉落**
- **金幣**：失去努力的目標，也沒有方向。

◆ **從馬上下來**：停止努力、不再工作。

◆ **雜草掉落**：不再工作不再鏟草。

◉ **草木顛倒枯萎貧瘠**

◆ **田地**：長不出作物，只能讓其荒廢。

金幣皇后

Queen of Pentacles

人格聯想：執行長的工作狀態

必須要更專注於整個公司營運的未來性與方向，不能受到外部的干擾就任意的改變企業方針，故在工作時會以更長遠的方向來看待每件事，並且以穩定成長不激進的態度去面對公司。

雖然感覺有時候會停在當下沒有太多變化，但實際上是在做一個長遠的規劃與運籌帷幄。

專注眼前事物不受外界干擾、理財能力強、有耐心。

正位圖像細節解析

- **皇冠**：鳥頭與紅色翅膀，有行動力，把想法帶到很遠，深思熟慮的象徵。
- **衣服**：內裡白色代表心中純潔，紅色外衣代表很有行動力，綠色絲罩把行動力緩解轉成穩定前進不急進的狀態，衣服極為寬鬆，在某些解釋裡可以解釋為懷孕。
- **金幣**：放在皇后的腹部前，孕育讓事持續成長，也有懷孕的意思。
- **石椅**：羊頭代表摩羯座穩定向前的意思，石椅上方小孩子頭代表重視成長，椅背有果實代表豐收。
- **右下角兔子**：一個敏捷的象徵，像是突發其來的狀態，但皇后仍專注的看著手中的錢幣，代表不受外在狀況影響。
- **草地**：有花有草，甚至有花朵圍繞在皇后的周圍，代表許多事情正在滋養成長中。
- **背景**：黃色背景代表豐收的意思，有山、水及土地，都代表持續豐盛成長的意涵。

逆位參考牌義

無法掌控、沒有目標、失去規劃的能力、失去擁有的。

逆位圖像細節解析

◉ 切割上下重心在上

- **兔子**：受到外在的干擾，導致錯誤的判斷或是節奏被打亂，懷

孕則有可能受到驚嚇而小產。

◉ 萬有引力關鍵掉落

◆ **兔子**：兔子掉下會受到驚嚇失控的到處亂跑，所有一切都失控。

◆ **金幣**：原本專注在乎的事失去了，變成無法繼續運籌帷幄，懷孕訊息中代表小產。

◆ **皇冠**：不再深思熟慮，想法膚淺。

◉ 草木顛倒萎貧瘠

◆ **花草**：全部枯萎代表已經無法再推演未來，也無法再成長收成。

◉ 建築崩毀訊息消失

◆ **石椅**：穩定的特質全部消失。

金幣國王

King of Pentacles

人格聯想：創業型老闆的工作狀態

有野心，會積極布局，努力朝自己想要的目標前進，會願意為自己的未來盡全力執行。

目標導向性很重，可以為了成功不顧一切的付出努力，也是在成功之後可以盡情享受所有的一切，因為這些都是他努力打拼下來的成就。

正位參考牌義

享受既得利益、權力的、可掌握狀況、征服後獲得獎勵。

正位圖像細節解析

- ♦ **皇冠**：熱情的玫瑰加金色百合的純潔，再輔以榮耀桂冠的特質，表現出國王很重視努力爭取屬於自己的榮耀。
- ♦ **衣領**：紅色代表熱情，放在耳輪與喉輪就代表願意聽，也願意說。
- ♦ **衣服**：葡萄與葉子代表豐收，也是國王已經達到豐收階段的象徵。
- ♦ **金幣**：靠在腿上，代表可以自由掌控及運作所收穫的一切。
- ♦ **左腳**：踏著一頭怪獸的頭，代表征服的意涵。
- ♦ **權杖**：掌控所有的一切。
- ♦ **石椅**：黑色代表沉穩，金牛頭對應到金牛座，有享受的意思。
- ♦ **後方城堡**：是國王原本的城堡，他現在已經征服了其他人的城堡。
- ♦ **背景**：黃色背景代表豐收的意涵。

逆位參考牌義

失去利益、權力的喪失、忙碌卻無收穫、被利益沖昏頭。

逆位圖像細節解析

- ◉ **切割上下重心在上**
- ♦ **怪獸頭**：怪獸變成在上，已經沒有被國王征服，也表示失去利益。

◉ **萬有引力關鍵掉落**

♦ **權杖**：掉落代表失去掌控一切的權利。

♦ **金幣**：轉成被捧著的型態，代表國王十分在乎利益這件事，就算是從王座上掉下來或是怪獸逃走，他都不願意放棄利益。

◉ **草木顛倒萎貧瘠**

♦ **葡萄**：枯萎也表示再怎麼努力都沒有收穫。

◉ **建築崩毀訊息消失**

♦ **城堡**：失去掌控及佔有的一切，也表示失去利益。

♦ **石椅**：失去原本可享受的一切。

實際演練

開始運用所學的牌義，
不再只是單純的了解，
更可以開始協助自己及他人

怎麼算塔羅牌？

每個老師都有其算塔羅牌的方式，以下介紹幾個介紹幾個我會使用的方式給各位朋友。

1. 大洗牌：將牌混亂攤在桌上，儘量以雙手順時針或是逆時針方式洗牌，減少牌的磨損。一般都是在面對一位新的個案開始占卜時會使用，之後大多都會用小洗牌。

2. 小洗牌：像洗撲克牌一樣，將牌放置其中一手上，另一隻手從下拿一疊放到上方，但為求正逆位混亂，在洗牌時會自由將拿起的一疊，直接旋轉 180 度後疊上。

3. 問卜：請個案將非慣用手輕置於洗好的塔羅牌上，專注的默念自己所要問的問題，想清楚之後，以非慣用手拿起一疊放置一旁，占卜師再將牌疊上。這個動作將產生最下面一張牌為心態切牌，代表個案對於這件事的內心想法，但一個專業的占卜師請在客人提出問題後，要協助將問題重整成正確的發問模式。（請見下頁）

4. 攤牌：儘量在摩擦力高的布上攤牌，這樣將會容易將牌攤開而不會黏住。

5. 抽牌：請個案將牌直接推出，因牌有正逆位訊息，請個案勿任意轉牌，如擔心個案任意轉牌，可以請個案點出他要的牌，再由占卜師自行抽出就好。

6. 翻牌：當牌陣的牌都抽好後，請左右翻牌而不要上下翻牌，因為這樣才不會讓你的塔羅牌正逆位顛倒。

7. 解讀：請放輕鬆仔細看這些牌，用你覺得個案聽得懂的方式，表達你所看到的訊息。請記得保持中立的態度，別被自己的情緒干擾而做出錯誤的解讀。

問問題的方式：

問問題其實是很重要的一件事，好的問問題方法，可以讓你在解牌時腦袋變得相當清晰，問題若沒問好，你會發現解牌時會很卡，那麼該如何問問題？就以下幾點跟各位朋友分享：

❖ 一個問題應該包含：人、時間、狀況，三個最基本的元素，缺一不可，例如：未來三個月我的工作狀況如何？明天去 A 公司面試的結果如何？三個月內該用什麼方法才能跟 B 女談戀愛並且公開。

❖ 問題請儘量詢問狀況，而不要用是不是、好不好、能不能來算，因為每個人的定義不同，占卜師覺得好的訊息，對於個案來說不一定是好的，將狀況形容出來，讓個案自行決定這是好的還是不好的。

❖ 時間定義：建議未來的問題儘量在半年內，最多不要超過一年，未來時間定義越遠，答案越不準，因為塔羅牌是根據你的心去推演及綜合所有參數的答案，時間越遠，你的心變化的可能性越多，相對的就越不準。

❖ 短期內請勿重複問同一個問題，畢竟事在人為，凡事還是靠自己努力比較重要，什麼都交給塔羅牌來給答案，你的人生就只變成被牌操控了，一般建議同一個問題三個月內不要重問。

牌陣的使用：

基本上，一個問題很少用一張牌來解讀就足夠，因為每張牌都有它多樣的意思，建議採用數張牌所組合起的牌陣進行解讀，會讓你可以看到更多方面的訊息。如果說一張牌可以看到一個

點，那麼兩張牌就可以看到一條線性走向，那麼多張牌組的牌陣就可以看到全面性的狀態。我以自己常用的幾個牌陣與各位朋友分享：

♣ **萬用牌陣**：這是我占卜時，90% 以上都是使用這個，只要你的問題問得好，基本上都可以解得相當細膩與完整，此牌陣一次會抽四張牌，分別為第一張佔問題答案的 70%，第二到四張各佔 10% 的答案，藉由三張 10% 的訊息來輔助第一張的訊息，這樣可以解析出許多豐富詳細的答案。

♣ **時間之流**：一個可以看到一件事從過去、現在、未來的三個時間內的發展變化，通常都是用來看一件事的發展。要注意的是，過去與未來的時間軸都要一樣，此牌陣也可以用時間軸的延伸，產生更多時間刻度的時間之流，例如：過去六個月、過去三個月、現在、未來三個月、未來六個月工作發展狀況。

❖ 吉普賽十字占卜：對於兩個人之間的關係，從五個不同的面向來看，藉此可以分析出到底兩人之間發展的可能性是否足夠。從第一張開始分別為：對方對我的感覺、我對對方的感覺、我們之間該怎麼做才會更好、我們之間有什麼樣的阻礙、未來三個月的發展結果如何。

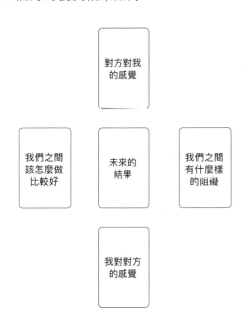

❖ 二擇一牌陣：有兩個以上需要選擇的題目，可以適合使用這個牌陣。通常第一張牌為看個案問這個問題的心態是什麼？第二張則是問個案，選擇 A 方向的前期狀況會如何？第三張問個案選擇 A 方向的結果如何？第四張選擇 B 的方向前期狀況如何？第五張問個案選擇 B 方向的結果如何？以此類推，A 與 B 的時間軸要設定一樣，才能夠看出比較準確的訊

息，如果有三個以上的選項，可以以此類推設定 C、D……，
時間軸上如果要往後拉長時間，也可以以此設定。

	選 A 短期狀況 （例如三個月）	選 A 結果狀況 （例如六個月）
目前心態		
	選 B 短期狀況 （例如三個月）	選 B 結果狀況 （例如六個月）

牌陣的實戰演練：

接著以常遇到的一些問題來與大家分享，可以怎麼去練習將你的牌義對應到題目裡面，相信各位朋友只要多練習就可以有很棒的解析。鼓勵各位朋友可以先把你的問題及抽牌，還有解答訊息記錄下來，等到時間到了再驗證是否正確。如果訊息正確就可以增加自己的自信心，錯了也可以去思考是否自己哪裡有解錯，不斷的驗證，就是成為一個專業塔羅占卜師的不二法門。

🌙 感情的問題：

✤ 他現在對我的感覺如何？

備註：通常在有喜歡的對象中，個案想知道對方喜不喜歡個案，這時用萬用牌陣可以看到比較細膩的訊息，這將不會只有一張牌來對應，而是四張牌來解釋這個感覺的訊息，請記得要四張一起組合來看，你會發現形容對方喜不喜歡你的個案的訊息會變得相當多。

（主訊息）

（次要訊息）

（次要訊息）

（次要訊息）

♣ 解析：

現在他對你充滿了想要面對的想法，對他來說，他覺得跟你之間的相處充滿了挑戰性，可能是因為你們之間其中一方或是雙方有另一半，讓他覺得這是一個很大的挑戰，但他覺得在情感上是喜歡你的（權杖七正＋戀人逆位的阻礙訊息），而且在他心中想要與你產生一個全新的關係，他希望可以掌控這個關係，讓兩人的世界變更好（權杖一正）。

他想要多了解你，也多一點互動，甚至有想要更直接的表現出喜歡你的心情，藉此可以關心你多一點，以及更直接的相處（權杖皇后正），只是目前你們之間的一些問題，讓他覺得還是有點讓他裹足不前（戀人逆），但至少他是喜歡你，而且有想要跟你在一起的念頭（綜合概念）。

如果是你？你會怎麼解析呢？

♣ 未來三個月我們的感情發展狀況如何？

備註：喜歡一個人自然會很期待知道未來有沒有機會在一起，但在一起的定義，每個人設定都不一樣，所以建議詢問塔羅未來的感情發展狀況如何，藉由形容互動及發展狀況，讓個案自己定義這是什麼的關係會較好。

♣ 解析：

未來三個月，你們之間會有些積極的突破（皇帝正），而這樣的關係的確讓你們的相處是十分愉快的，可以充分享受兩人愉悅的世界（金幣九正），但過程當中似乎感情層面比較低一點，大多都是一起吃喝玩樂或是親密行為，彼此之間也會去思索這樣是否妥當？但很快的，兩個人又繼續沉溺於這樣的享受關係當中（惡魔逆），就算其中有一方想要認真發展兩人之間的關係，卻因為另一方重心並非是放在用心戀愛上，因此就只能繼續在這樣的關係中發展（金幣國王逆）。

整體而言，你們的發展狀況相當豐盛，也是一個在肉欲及物質享受上許多滿足的狀況，但似乎只是偏於兩性的物質享受上，而不太有真實好好談戀愛的感覺。

如果是你？你會怎麼解析呢？

♣ 該用什麼方法可以讓我們三個月內在一起？

　　備註：當我們喜歡一個人，卻覺得有阻礙無法在一起時，可

以嘗試詢問用什麼方法，可以讓兩個人在一起。當然所謂的在一起定義是什麼，也是要思考與討論的，在我的系統裡會加入兩張空白牌，當訊息出現空白牌時，就代表沒有辦法，也表示這是力有未逮的狀況。

♣ 解析：

未來三個月內嘗試讓他覺得，你現在跟他的相處是讓你很受傷的，你現在心情不好，想要離開這個跟他之間的互動模式。因為你覺得現在的行為已經很失敗，這樣的狀況讓你感到痛苦，而且你已經無法再承受這個傷痛（寶劍六正＋戰車逆牌的被自己打敗這個訊息）。

而且現在的你，加上周遭有許多人的閒言閒語讓你覺得很煩躁，總讓你覺得好像是自己黏上去刻意追求對方的，而現在沒在一起，顯得你是個失敗者（教皇逆位＋戰車逆牌的被自己打敗這個訊息），再小小暗示現在有其他人出現對你示好，而且有機會在一起，你也考慮想要離開目前這個傷痛的狀態，與對方試著交往看看（寶劍六正＋金幣國王正），藉此

讓他覺得你要離開他了，除了感受到你的傷痛外，也有種要失去你的感覺出現，這樣三個月內就會有機會在一起了。

如果是你？你會怎麼解析呢？

♣ 如果分別跟這兩個人在一起，未來的發展狀況會如何？

備註：現在你有兩個追求者，你想要知道應該選擇哪個才會幸福？這時會建議「模擬」如果在一起之後的相處狀況，藉由在一起之後的相處狀況，來讓你知道跟誰在一起你會比較幸福，也是讓你知道該如何選擇的一個方式。而這種設定會設定時間，例如：這個案例是看在一起三個月及六個月的狀況。

♣ 解析：

你在對於談愛情這件事，心中已經有答案，但你還是想要再多看看，畢竟這對你來說是件重要的事，所以你希望可以藉由多觀察、多思考，看看哪個人比較適合你（權杖二正）。

如果選擇跟 A 男在一起，前期三個月，兩個人的相處會有全新的感受，彼此都很重視與對方的相處，在相處時可以以對方為主的思考，看起來令人感到快樂與被重視（金幣一正）。在一起之後六個月，卻開始出現了一方向，另一方祈求愛情，而其中一方變成對於彼此之間的感情有些猶豫，不再像一開始般的熱絡，這也表示其中一方的情感已經冷卻下來，雖然不到不愛，但卻是轉變成為一種習慣性的相處，相較於一開始的感情的確是降溫了（金幣六正）。

至於跟 B 在一起，前期兩人的相處雖然也不錯，但似乎對於未來的想法會有所遲疑，這並非是兩人沒有同心，只是想的事情比較多。也表示跟 B 在一起，兩個人比較沒有太多的激情，反而會像已經在一起一陣子的狀況，彼此都會思索關於未來的事（金幣七正）。至於跟 B 在一起半年，則是其中一方或是雙方，因為開始覺得彼此間的問題越來越大，開始出現想要逃避這段情感的狀況，這樣的心態會明顯表現在真實的互動上，也表示兩個人的關係，將會容易在未來半年內出現決裂的可能（金幣五正）。

如果是你？你會怎麼解析呢？

🌙 工作的問題：

♣ 我想知道老闆覺得我是怎麼樣的一個人：

備註：有時候會懷疑在他人的眼中，自己到底扮演怎麼樣的
角色，想要知道這件事，一般可以使用萬用牌陣，但也可以
藉由時間之流看到這個對象眼中的你，到底有怎麼樣的變
化，以下牌陣是看（過去三個月、現在、未來三個月）的狀
況。

♣ 解析：

過去三個月，老闆眼中的你，是個相當專注於工作的職員，
你對於你的工作相當認真及有所期待，你也很懂得去表現你
的個人才華，甚至在工作時，都可以從你身上看到對於未來
工作完成時的美好成就，可以說是一個讓老闆覺得既放心又
感到激賞的好員工（聖杯皇后正）。

可是現在在老闆眼中，你的確是一個開始只為自己工作範圍
付出的人，而且當中還藏有自私的行為，你可能會對他人做
出一些不公正的事情，欺負他人，只為了讓自己的工作可以
更順利，老闆也覺得你有時候會為了自己工作方便，根本不

管他人的需求，而讓你的人際關係出了問題（金幣六逆）。

如果你不改善這些目前的狀況，就牌面來說，未來三個月老闆眼中的你，將會是一個只為了利益而不擇手段的人，你甚至會為了想要成交案件，而故意說一些錯誤的資訊誤導客戶，讓客戶在被欺騙的狀況下與你交易。在一切以利益為出發點的狀況下，你以利益為主導的行為，將會被老闆看的一清二楚（教皇逆）。

如果是你？你會怎麼解析呢？

♣ 未來三個月我的工作狀況如何？

備註：一般上班族最擔憂的就是工作狀況，很害怕遇到問題沒辦法解決，也怕可能突發性的被裁員，因此大多數問工作時都會問這個問題，而這個問題後續將可以衍生其他問題，例如：未來一個月內，該用什麼方法才能讓這個問題被解決？或是某同事現在對於跟我一起工作的想法是什麼？這都可以衍生許多的問題，就有賴各位朋友仔細思考，在你眼前的這個人他會有什麼需求了。

♣ 解析：

未來三個月，你的工作將會有比較大的挑戰，會有與你意見不合的同事或客戶，與你之間的溝通出現摩擦，這樣的狀況會讓你需要花相當多的時間與精力處理，甚至是自己的內心對於工作也產生了許多不同的想法，讓你的工作進度處於混亂的狀況（權杖五正）。

不過雖然有許多溝通上的問題，這三個月還是有些好事值得期待。一方面在面對問題時，你可以利用你冷靜的智慧仔細判斷該如何處理，雖然這些判斷，有時候連你自己都覺得有點過於不近人情（也許就是這樣的為了達到目標，你的過度理智為你帶來了與他人之間的紛爭），但這都是站在理智面，所想出最好的工作狀態（寶劍皇后正）。而在執行面上，你也會小心翼翼地去把你期待的工作一一完成，當中你會運用一些小技巧，讓你的工作執行度與順利度大幅提升。

雖然有時候，這些東西看起來是有些耍小聰明（寶劍七正），但這也是你能夠想出來的一些智慧。在這樣的狀況下，雖然這三個月內的工作整體是一陣混亂的，但該做的幾乎都可以被你完成，而你也可以在這當中，完成至少七八成以上的工作進度（聖杯九正），只要多留意那些混亂的問題小心面對即可。

一、塔羅牌裡的神祕學與心理學

在塔羅牌世界裡概分為神祕學與心理學兩個系統，對於占卜來說，其實重視的是結果的準確度。這兩個系統就像是有同一個目的地，但是有不同的兩條路徑，要往哪條路走就端看個人喜好，接下來就要跟各位朋友分享我所知道的這兩個系統的概念。

心理學系統：大多會推崇榮格心理學裡的集體潛意識。在這個理論裡說到，每個人都有來自於出生後，經由外界刺激所體驗的學習系統。而集體潛意識，則是這個系統以外的另一個系統，它可能來自於遺傳或是轉世，這些意識是我們平常都感受不到的意識層面，但卻是大家都可以有的共同體驗。例如：遇到黑暗我們可能會不自覺的害怕，這可能跟我們的學習背景沒有任何關係，但我們在面對黑暗時，卻會不自覺產生這樣的情緒。

雖然在後天學習中，我們可能可以藉由學習經驗去突破這個黑暗恐懼，但仍不可否認，有時看到沒有光的地方，仍會有不安的情緒存在，這就是集體潛意識。而這樣的集體潛意識，就會成為塔羅牌中所要呈現的原型系統。例如：看到皇帝牌就覺得應該是比較強硬型的特質，看到皇后牌就會覺得應該有溫柔體貼的感受，這樣的訊息也就可以自然而然的被投射到解讀上。

至於神祕學系統，則是有許多讓人感到新奇、有趣，卻又有神祕的面紗存在。在神祕學的概念裡，每副牌都住著牌的精靈，這些精靈是需要被啟動並且持續眷養的，因此就會衍生出包含：聖別儀式（開牌儀式）、淨化儀式與封牌儀式。

每個儀式的背後，都是希望可以藉由掌控住工具及儀式將牌的

精靈，讓祂可以持續與我們合作服務人群。這樣的流程也讓占卜師會相當寶貝自己的牌，甚至會不允許他人接觸到牌，因此就會需要用水晶棒或其他工具為個案指牌。這樣複雜的流程，一方面有它存在的可依賴感，但另一方面，也許也是藉此讓使用者更相信自己不是孤單的一個人，是有精靈可以協助他，讓他的占卜更加準確。而為了達成這樣的狀態，自然會衍生許多神祕學的工具與商品，因此，如果你遇到一個神祕學系統的占卜師，你會發現他桌面上的工具會相當多，這也是神祕學與心理學差異較大的地方。

二、占卜完會有異常疲倦的狀況？

其實這就像是在認真讀書一樣，你在解牌時會全神貫注的看那些來到你面前的訊息，你的專注力為你帶來了許多可被解釋出來的訊息，然而，同時間你也在消耗你的腦力（神祕學則是稱之為能量）。但在解讀的當下，因為你極度集中精神，因此不容易感受到這樣的消耗狀態，因此只有在解完牌之後，整個人放鬆了，才會發現自己突然變得相當累。

其實不用因此擔心你是不是因為占卜而被吸走能量，或是被惡魔偷走了靈魂，只需要多休息即可。因此建議，占卜完之後可以適當的靜坐冥想或是吃點輕食，起來走一走動一動並曬曬太陽，這些都是很好的動作，無需因此感到恐懼與擔憂。

三、要怎麼增進自己的占卜技巧

其實要增進自己的占卜技巧沒有其他方法，最好的方法就是不斷練習與印證。

許多朋友都知道要練習占卜，可是卻會在占卜的過程中一直不確定自己解得到底對不對，就在這樣不確定的心態中，一直走不出框架。

其實練習也是有技巧的，首先請你準備一本空白筆記本，你可以每天幫自己抽每日塔羅問：今天我的工作狀況如何？我今天的感情互動狀況如何？我今天的旅遊狀況如何？……

用許多短期內就可以印證的題目抽牌，然後請你在筆記本上寫下你的題目與抽到的牌，也請寫下自己如何解牌，待預測的時間到了之後，再來看看當初的預測是否準確？

如果你發現都很準，恭喜你，你的自信心正不斷的提升。

如果你發現解牌出錯，去仔細思考牌面中哪些訊息被你忽略了，再求精進即可。

沒有人一生下來就是個塔羅占卜大師，只有不斷的練習與修正，才是最好的成就之道，願每一位購買此書的朋友，都可以藉此讓自己的人生越來越好，也讓那些需要被你幫助的朋友，都可以得到被幫助的機會，祝福大家。

塔羅解謎

透過圖像故事、顏色密碼，快速熟悉牌義，解牌更上手

作　　　　者｜寶咖咖

副　社　　長｜陳瀅如
總　編　　輯｜戴偉傑
主　　　編｜李佩璇
特　約　編　輯｜sisi
行　銷　企　劃｜陳雅雯、張詠晶
內　文　排　版｜黃讌茹
封　面　設　計｜Bianco Tsai
印　　　　製｜呈靖彩藝有限公司

出　　　　版｜木馬文化事業股份有限公司
發　　　　行｜遠足文化事業股份有限公司（讀書共和國出版集團）
地　　　　址｜231 新北市新店區民權路 108-4 號 8 樓
電　　　　話｜(02)2218-1417
傳　　　　真｜(02)2218-0727
E　m　a　i　l｜service@bookrep.com.tw
郵　撥　帳　號｜19588272 木馬文化事業股份有限公司
客　服　專　線｜0800-221-029
法　律　顧　問｜華洋法律事務所　蘇文生律師

初　　　　版｜2021 月 1 月
初　版　5　刷｜2024 月 7 月
定　　　　價｜380 元

ISBN　978-986-359-853-4(平裝)

illustrations from Radiant Wise Spirit Tarot reproduced by permission of Scarabeo S.r.l.,ltaly .

國家圖書館出版品預行編目 (CIP) 資料

塔羅解謎：透過圖像故事、顏色密碼,快速熟悉牌義,解牌更上手/
寶咖咖作. -- 初版. -- 新北市：木馬文化事業股份有限公司出版：遠
足文化事業股份有限公司發行, 2021.01
　面；　公分
　ISBN 978-986-359-853-4(平裝)

1.占卜

292.96　　　　　　　　　　　　　　　　　　　　　　109020354